48385

LA GUERRE DE 1870-1871

Copyright by Perrin et Cie 1912

DU MÊME AUTEUR

Le Maréchal Fabert. — Etude historique d'après ses lettres et des pièces inédites tirées de la Bibliothèque et des Archives nationales, des Archives des Affaires étrangères, du Dépôt de la Guerre, etc. (Couronné par l'Académie française, 1er prix Thérouanne); 2 volumes in-16. . . . . 7 fr.

Cromwell et Mazarin. — Deux campagnes de Turenne en Flandre; la bataille des Dunes; 1 vol. in-16 avec deux planches gravées. . . . . 4 fr.

GÉNÉRAL BOURELLY

LA
GUERRE DE 1870-1871

ET

LE TRAITÉ DE FRANCFORT

D'APRÈS LES DERNIERS DOCUMENTS

PARIS
LIBRAIRIE ACADÉMIQUE
PERRIN ET Cie, LIBRAIRES-ÉDITEURS
35, QUAI DES GRANDS-AUGUSTINS, 35
1912

Droits de reproduction et de traduction réservés pour tous pays.

PRÉFACE

Depuis quarante ans, la guerre de 1870-71 contre l'Allemagne a fourni matière à de nombreux ouvrages où elle est traitée avec plus ou moins de développements, soit dans une ou plusieurs de ses parties, soit dans son ensemble.

Les hommes en âge, en 1870, de voir de près la guerre ou d'y prendre une part effective, connaissent surtout les faits accomplis sous leurs yeux ; ceux des générations suivantes n'ont trop souvent, sur cette époque, que des notions vagues et incomplètes. Quant à ceux qui, par goût ou par profession, ont étudié la guerre d'une manière spéciale, nous savons par expérience qu'ils trouvent utile de rajeunir quelquefois les souvenirs que leur ont laissés leurs travaux et leurs lectures; ce qui leur manque le plus, c'est un *compendium* sérieux, c'est un exposé clair et précis, aussi complet que possible, quoique sommaire, non seulement des événements tels qu'ils se sont déroulés sur les différents théâtres d'opérations, mais encore de leurs conséquences et des enseignements qu'ils comportent.

Le livre que nous publions aujourd'hui est destiné à combler cette lacune. Il se compose des articles que nous avons écrits récemment dans *l'Écho de Paris* sur la guerre de 1870-71, et qu'un très grand nombre de lecteurs, en dehors de l'armée comme dans les milieux militaires, ont exprimé le désir de trouver réunis en un volume.

Au récit des événements de guerre nous avons cru devoir joindre, comme complément indispensable de cette étude, un aperçu sur les stipulations du traité de Francfort, et sur les phases de l'évacuation du territoire jusqu'à sa libération définitive.

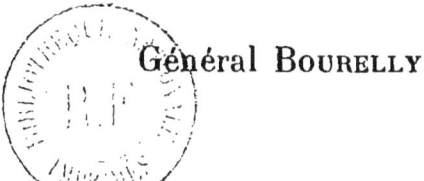
Général Bourelly.

LA
GUERRE DE 1870-71

CHAPITRE PREMIER

L'ARMÉE DE METZ

I

Si amers que soient les souvenirs qu'éveille le nom de *Metz* dans le cœur de tous les Français, surtout de ceux qu'un vainqueur sans pitié a enchaînés à son char de triomphe, il faut se résigner à les faire revivre pour leur demander des enseignements. La tristesse recueillie qui a succédé à la rage de la défaite n'a rien de commun avec celle des vaincus sans espoir.

Le nom de Metz ramène tout d'abord la pensée sur les origines politiques et militaires de la guerre. Il est désormais hors de doute que le gouvernement du roi de Prusse, dont M. de Bismarck était l'âme, a voulu la guerre, qu'il l'a préparée de longue main par ses intrigues, et qu'il l'a déchaînée sur la France, avec une insigne perfidie, à l'heure propice à ses desseins.

Il est non moins certain que Napoléon III a déclaré la guerre, soutenu par la majorité des Français blessés dans leur honneur national. Est-on en droit de dire que lui aussi l'a voulue et préparée? C'est un point d'histoire qu'on ne saurait trop s'efforcer d'éclaircir.

Les hommes qui ont vu de près l'armée du second Empire et ceux qui en ont fait partie sont généralement d'accord pour reconnaître qu'elle a commencé à s'affaiblir lorsque l'État a institué l'exonération du service militaire à prix d'argent. Son déclin, déjà manifeste en 1859, en Italie, s'accentua de plus en plus sous l'influence des mœurs générales. La préoccupation excessive des intérêts matériels et le culte effréné des jouissances, en se communiquant de la nation à l'armée, altérèrent assez sensiblement l'esprit militaire. La contagion du mal s'étendit aux officiers et n'épargna pas le haut commandement.

Pour des raisons diverses, l'empereur ne se rendait pas compte de cet état moral de l'armée; mais, frappé de son infériorité numérique vis-à-vis de celle de la Prusse, il adressa, en septembre 1867, au maréchal Randon, ministre de la Guerre, un projet de reconstitution, sur un pied imposant, de l'ensemble de nos forces militaires. Dès lors, la majorité dont il disposait au Corps législatif lui aurait permis de réaliser ses vues sans tenir compte de la résistance du groupe républicain systématiquement hostile à toute réorganisation de l'armée, s'il n'avait craint de fortifier l'opposition en alarmant, par la menace de nouvelles charges militaires, les populations rurales sur lesquelles il s'appuyait. Ne pouvant se mettre d'accord avec le maréchal Randon sur la réforme qu'il méditait, il le remplaça par le maréchal Niel, auquel il demanda d'élaborer un projet transactionnel. La loi militaire votée au commencement de 1868 rendait le service militaire obligatoire, relevait les effectifs, mais ne fournissait pas les moyens d'exercer l'armée de seconde ligne créée sous le nom de garde nationale mobile.

Dans sa vision très claire des dangers que faisait courir à la France l'ambition de la Prusse, sans cesse grandissante depuis sa victoire de Sadowa, le maréchal Niel orienta ses efforts vers un but unique : la préparation, en vue d'une lutte inévitable, des moyens de concentration de nos forces militaires. L'activité ministérielle s'exerça sur tous les services de la Guerre.

Le Dépôt de la Guerre, reconstitué à certains égards sur le modèle du grand état-major allemand, devint le centre de travaux où l'organisation militaire prussienne fut étudiée avec suite. En même temps, un certain nombre d'officiers reçurent des missions d'exploration embrassant le théâtre de guerre présumé des deux côtés de la frontière et au-delà. Les renseignements recueillis servaient ensuite à élaborer des projets de marche et d'opérations. Les plans de campagne établis sur ces données répondaient à des hypothèses prévoyant les cas divers où la France s'engagerait seule ou avec le concours de certains alliés, et comportait la formation de trois armées, dont deux devaient concerter leur action offensive, et l'autre servir de réserve pour protéger la frontière. L'empereur n'ignorait pas l'existence de ces travaux préparatoires et connaissait les rapports où le colonel Stoffel, attaché militaire à Berlin, relevait, avec un clairvoyant discernement, les éléments de supériorité de l'armée prussienne sur la nôtre.

La mort prématurée du maréchal Niel, auquel succéda le maréchal Lebœuf, eut pour conséquence le brusque arrêt de la préparation à la guerre. Le nouveau ministre suspendit les reconnaissances à l'étranger et mit à l'écart les projets de marche et les plans de campagne.

Ce revirement ne peut s'expliquer que par des raisons politiques. L'empereur se montrait alors très préoccupé de donner satisfaction aux partisans d'une réforme constitutionnelle. C'est seulement en mai 1870, après le plébiscite, que le ministre renoua le fil rompu de la préparation militaire. Dès lors, il était urgent de remédier à l'inaction des neuf mois écoulés depuis la mort de Niel, et de précipiter l'exécution du plan qu'il avait arrêté. Bientôt le désordre arriva à son comble dans les bureaux de la Guerre.

C'est à cette heure critique que, par une

impardonnable imprudence, l'empereur déclara la guerre. L'aveuglement dont le maréchal Lebœuf donna la preuve, en avançant que l'armée était prête à soutenir la lutte, n'est pas moindre que celui de l'empereur. L'argumentation à laquelle quelques historiens ont fait appel pour justifier cette allégation ne résiste pas un seul instant à l'examen des faits et à l'autorité de nombreux témoignages désintéressés.

Encore si l'on avait maintenu les projets d'opérations tels qu'ils avaient été établis par le maréchal Niel; mais ils furent modifiés, et, dans la fièvre de la préparation tardive à laquelle le ministre était acculé, on composa des journaux de marche dans l'hypothèse de mouvements dirigés vers le cœur de l'Allemagne ! Une faute des plus graves fut, sans aucun doute, de renoncer à la formation en trois armées, et de concentrer nos forces en une armée unique sous le commandement de l'empereur.

A la réunion de toutes ces forces en une seule main correspondait un plan de campagne éparpillant de Sierck à Belfort, sur une ligne de 350 kilomètres, sept corps d'armée, en prévision de la formation éventuelle de trois groupes sous Metz, sous Strasbourg et à Châlons, et du passage du Rhin par les deux premiers réunis. En dehors de toute notion de science stratégique, la simple logique aurait dû faire écarter ce dispositif qui, en nous rendant faibles partout, donnait prise partout aux attaques de l'adversaire et nous condamnait à la défensive.

Il n'est pas prouvé que ce plan soit l'œuvre personnelle de l'empereur. Peut-être n'était-il que la résultante de ses élucubrations combinées avec celles des généraux Lebrun et Frossard, et aussi avec les conceptions dont l'archiduc Albert d'Autriche, le vainqueur de Custozza, lui avait fait part au commencement de 1870. A vrai dire, il n'y avait pas de plan mûrement délibéré et fermement arrêté.

A qui imputer la déplorable aberration qui nous amenait à ne former qu'une armée, à mettre entre les mains de l'empereur des masses à peine maniables pour un véritable homme de guerre, et à les déployer en mince cordon sur la frontière, si ce n'est au souverain lui-même et à son ministre de la Guerre, devenu le major général de l'armée du Rhin? C'est dans ces mesures qu'il faut chercher une des principales causes des revers du début de la guerre, à Wissembourg, à Frœschwiller et à Forbach, dont le contre-coup s'étendit aux opérations sous Metz.

Le 28 juillet, Napoléon III arrivait à Metz. Cinq jours après s'ouvrirent les hostilités. Le combat de pure parade de Sarrebrück ne masqua qu'un instant l'insuffisance de notre organisation. Le lendemain, le général de Moltke, ayant acquis la supériorité du nombre, ordonnait l'offensive. Nous n'avions pas su prendre, les premiers, cette initiative; à elle seule, la pénurie des approvisionnements nous aurait empêchés de saisir l'heure favorable.

Vingt-quatre heures plus tard, tandis que les Allemands achevaient leur concentration sur le Rhin, la division Abel Douay, du Ier corps d'armée (maréchal de Mac-Mahon), surprise dans ses bivouacs, à Wissembourg, cédait le terrain, après une lutte sanglante, aux forces prussiennes huit fois plus grandes. Le 5 août, l'empereur revenait à la formation en deux armées, trop tard pour reprendre l'offensive : les IIe corps d'armée (général Frossard), IIIe (général Lebœuf) et IVe (général de Ladmirault) avec la garde [armée de Lorraine], étaient placés sous les ordres du maréchal Bazaine; les Ier corps (général Ducrot), V[e] (général de Failly), et VIIe (général Félix Douay [armée d'Alsace], sous ceux du maréchal de Mac-Mahon.

Après le combat de Wissembourg, Mac-

Mahon se porta, à l'ouest de Wœrth, sur les hauteurs de Frœschwiller. La position était bien choisie, mais, en négligeant de tenir Wœrth et les points de passage du Sauerbach, le maréchal se condamna à la défensive. Le 6 août, un corps de l'armée du prince royal de Prusse entama l'action contre les troupes concentrées sur le plateau d'Elsasshausen. Malgré l'admirable ténacité du maréchal dans sa résistance aux assauts furieux d'un ennemi trois fois plus nombreux, toutes ses positions furent emportées. Le lendemain, les débris du Ier corps rétrogradaient en désordre sur Saverne, puis se retiraient par les Vosges. L'armée d'Alsace avait vécu !

A l'heure même où le Ier corps était engagé à Frœschwiller, le IIe était attaqué sur ses positions de Spickeren, près de Forbach, avant la concentration de l'armée de Lorraine, par l'armée du général Steinmetz et un corps de celle du prince Frédéric-Charles. Grâce à leur supériorité numérique, les Allemands restèrent maîtres du champ de bataille, mais la résistance n'avait pas été sans gloire. La critique militaire française a établi, et l'état-major allemand lui-même a reconnu que si les divisions de Montaudon, Metman et de Castagny, du corps Bazaine, avaient reçu, au milieu de la journée, l'ordre télégraphique de se porter vers Spickeren, la bataille aurait tourné à l'avantage de la défense. Malheureusement, le maréchal Bazaine s'était dérobé avec une mauvaise volonté marquée aux demandes réitérées de renforts de son subordonné, en envoyant aux divisionnaires du IIIe corps des ordres imprécis et équivoques de nature à amener des secours tardifs. Si l'on ajoute que rien ne justifie l'inaction du maréchal à Saint-Avold, à proximité du champ de bataille de Forbach, on en conclura qu'il porte une large part de la responsabilité de la défaite. Ses trois divisionnaires auraient dû, d'ailleurs, marcher au canon. Enfin, le général Frossard aurait pu avoir part plus personnellement à la direction de l'engagement.

Bien qu'avec le système de défense en cordon on n'eût engagé à Wissembourg, à Frœschwiller et à Spickeren que le tiers à peine de nos forces, l'armée française, tout entière, battait en retraite le 7 août; elle se dirigeait, en deux masses divergentes, vers Metz et Châlons. Le 11, l'armée de Lorraine s'établissait en cercle à l'est de Metz, sous la protection des canons de la place. Certaines particularités de la marche de Bazaine, pendant cette période, sont loin d'être à l'honneur de ses connaissances militaires, et décèlent une idée préconçue de relier ses troupes aux défenses de Metz.

C'est cependant à ce tacticien plus que médiocre que Napoléon III abandonna, le 12 août, sous la pression de son entourage et de l'opinion publique guidée par la presse de l'opposition, le commandement en chef de l'armée du Rhin, dont il se reconnaissait impuissant à porter plus longtemps le lourd fardeau. Avec l'empereur devait inévitablement sombrer le major général, le maréchal Lebœuf; certaines influences, bien difficiles à préciser aujourd'hui, amenèrent son remplacement par le général Jarras, plus bureaucrate que militaire, et, en outre, antipathique au nouveau commandant en chef.

II

L'armée qui devait recevoir dans l'histoire le nom d'*armée de Metz* était désormais constituée par les corps faisant partie de l'armée de Lorraine, auxquels allait être adjoint le VIe corps (maréchal Canrobert), formé à Châlons. Le 12 août, elle comptait 178.000 hommes.

Les armées allemandes avaient suivi le mouvement de retraite de l'armée française en s'interposant entre ses deux grandes masses. Après avoir marché d'abord parallèlement, les armées de Steinmetz et du prince Frédéric-Charles s'étaient rabattues sur la Moselle par un immense mouvement de conversion, en pivotant sur leur aile droite. Le 12, l'armée de Steinmetz se portait jusqu'à une douzaine de kilomètres de Metz, et un corps de l'armée du prince Frédéric-Charles surprenait le passage de la Moselle en amont de la place, tandis que d'autres s'apprêtaient à le suivre.

Pendant que s'effectuait ce changement de front stratégique, le maréchal Bazaine, sans paraître le soupçonner, préparait l'opération du passage de la Moselle. Loin de l'accélérer, il la retarda par des ordres ambigus et sous de misérables prétextes qui laissaient entrevoir son intention de ne pas s'éloigner de Metz. L'insuffisance de ses connaissances professionnelles se manifestait dans ses instructions. Sous ce rapport, il ne se distinguait pas de la grande majorité des généraux sous ses ordres, dont la science militaire restait confinée dans les étroites limites du terrain d'exercice.

Le retard de vingt-quatre heures apporté au passage sur la rive gauche de la Moselle devait avoir les plus graves conséquences. Commencée dans la matinée du 14, l'opération se poursuivait l'après-midi dans un indescriptible désordre provenant de l'encombrement des rues de Metz, quand le canon se fit entendre à Colombey, en face du IIIe corps Decaen. Les IIe et VIe corps, et le IVe sauf la division Grenier, étaient déjà sur la rive gauche. Le général de Ladmirault, accourant au canon, fit repasser la Moselle aux divisions de Cissey et de Lorencez. Le combat engagé par Steinmetz, à l'insu du grand quartier général allemand se déroula, à forces à peu près égales, entre Borny et Metz, et ne se termina qu'à la nuit. Bazaine n'avait rien fait pour seconder ses lieutenants ; il aurait pu, cependant, par une vigoureuse offensive, rejeter l'ennemi sur la Nied.

Le combat de Borny, quoique constituant pour nous un succès défensif (l'état-major allemand le conteste), aboutissait à un échec stratégique. Les Allemands avaient, en effet, atteint leur but, qui était de nous retenir le plus longtemps possible dans le camp retranché de Metz pendant qu'ils poursuivraient leur mouvement de conversion sur la rive gauche de la Moselle, afin de nous devancer sur la route de Verdun et de nous barrer le passage.

Dans ses prescriptions relatives à la marche sur Verdun, Bazaine avait affecté aux mouvements des corps d'armée les seules routes de Mars-la-Tour et d'Étain, sans se rendre compte que leur origine commune à Gravelotte amenait les troupes à suivre jusqu'à ce point une route unique; il avait négligé de désigner la route de Verdun par Briey et celles qui conduisent de Metz sur le plateau de Mars-la-Tour et de Sainte-Marie-aux-Chênes. Les retards résultant de ces étranges oublis — si étranges qu'on en vient à se demander s'ils n'étaient pas voulus — s'ajoutèrent à celui que l'ennemi avait réussi à provoquer pour rendre l'écoulement des troupes extrêmement lent et difficile.

Non seulement Bazaine retardait la marche de l'armée, mais il négligeait de s'éclairer sur les mouvements et les forces de l'ennemi. Son inertie dérouta un instant l'état-major allemand, au point de retenir de Moltke sur la rive droite de la Moselle. L'ordre ne fut donné de prendre l'offensive sur les routes de Metz à Verdun qu'à la suite des informations transmises par Alvensleben sur la situation exacte de l'armée française.

La bataille qui se livra le lendemain 16, aux abords de la route de Verdun, vers Mars-la-Tour, Vionville et Rezonville, peut donc être considérée comme le résultat d'une rencontre imprévue. Cette route était encore libre le 16 au matin, puisque l'empereur put la suivre et gagner Verdun sans encombre. Les phases de l'engagement, même présentées en raccourci, donneront une idée de son importance.

Le départ de l'armée, fixé d'abord à 4 heures du matin, est suspendu jusqu'à midi. L'attaque entamée vers 9 heures par le 3ᵉ corps allemand (général Alvensleben) vient arracher Bazaine à son inaction; celui-ci ne dispose au début que des II° et VIᵉ corps. Jusqu'au milieu de la journée, Alvensleben supporte presque seul, avec une extraordinaire ténacité, les efforts de Frossard et de Canrobert. Pendant cette phase, qui se prolonge jusqu'à 1 heure environ, Flavigny, le bois et le village de Vionville tombent aux mains des Prussiens, et le IIᵉ corps bat en retraite.

Le commencement de la deuxième phase est marqué par une attaque de la division Tixier, du corps Canrobert vers Vionville, et par une charge de la brigade Bredow, qui tente de dégager la gauche prussienne. Le moment semble venu, pour le maréchal Bazaine, de prendre définitivement l'offensive. Le IIIᵉ corps est en vue et le VIᵉ approche. Lorsque ces deux corps entrent en ligne, vers 3 heures, le combat redouble d'intensité. Alvensleben attend anxieusement des renforts et tient tête aux quatre corps français.

Enfin, à partir de 4 heures, débouchent successivement trois divisions prussiennes ayant franchi de grandes distances à marches forcées. A la gauche ennemie, la brigade Wedell est presque entièrement anéantie par le feu de la division de Cissey, du corps de Ladmirault. Le combat ne prend fin que vers 8 heures du soir, après des charges de cavalerie prussienne et française, et une suprême tentative de mouvement offensif dirigé par le prince Frédéric-Charles.

1.367 tués, dont 147 officiers; 10.120 blessés, dont 597 officiers, et 5.472 disparus, tel est, pour nous, le bilan funèbre de la journée. Les Allemands comptaient 5.388 tués et 10.402 blessés.

Pour les penseurs qui voient dans la

guerre, à côté de sa force destructive, un phénomène d'ordre moral mettant en action tous les ressorts de l'âme humaine, le rôle joué à Rezonville par le commandant en chef de l'armée française est un sujet d'étude encore insuffisamment approfondi, et dont on n'est pas près d'avoir épuisé toute la tristesse : il est caractérisé principalement par une funeste irrésolution dans la direction du combat.

A aucun moment de la bataille, le maréchal Bazaine ne paraît s'être rendu compte des mouvements et des positions de l'ennemi. Le plus souvent, les commandants de corps, ne recevant pas d'ordre, suivaient leurs propres inspirations. L'idée fixe de ne pas s'éloigner du camp retranché, qu'il jugeait inexpugnable, le porta à fortifier sa gauche en y accumulant, sans raison, des réserves utilisables ailleurs, et le disposa à la défensive. C'est à ses lieutenants que sont dues les actions offensives tentées sur quelques points ; en ne faisant pas appuyer celle que dirigea le général de Ladmirault sur la gauche prussienne, dans un magnifique élan où se révéla le coup d'œil du vrai tacticien, il laissa échapper une des plus précieuses occasions qui s'offraient à lui de saisir la victoire.

La plus grande faute fut de ne pas tirer parti de la marche de flanc à large envergure, qui amenait, une à une, les divisions prussiennes sur la rive gauche de la Moselle, et ne leur permettait que des attaques décousues. Cette marche, réglée par le grand état-major allemand, avait pour but d'atteindre l'armée française entre Moselle et Meuse, et non aux portes de Metz; ne pas arrêter sur place le mouvement de retraite des Français sur Verdun, c'était risquer de laisser au maréchal le temps de gagner les points de passage de la Meuse. Avec un sens très clair des dangers de cette situation, Alvensleben avait pris sur lui de tourner court pour se battre sur le plateau, à l'ouest de Metz, sans faire intervenir le quartier général. Son initiative aurait pu lui coûter cher avec un adversaire moins indécis que Bazaine; jusqu'à 1 heure de l'après-midi, il n'opposa que 40.000 hommes aux 60.000 dont disposait à ce moment le maréchal.

Quand s'éteignirent les dernières ardeurs de la lutte, l'impression générale était qu'on avait fait reculer l'ennemi. En réalité, à la gauche et au centre, on avait arrêté les attaques du prince Frédéric-Charles, et une offensive déterminée à droite avait amené un commencement d'enveloppement de la gauche allemande.

Les routes au nord de celle de Mars-la-Tour restant libres, on pouvait s'y engager pour gagner Verdun, mais un véritable homme de guerre aurait certainement préféré poursuivre le mouvement offensif amorcé la veille. Le prince Frédéric-Charles a déclaré lui-même qu'il s'attendait à être attaqué le 17 au matin.

Le maréchal écarta l'une et l'autre solutions.

L'ordre fut donné, dans la nuit, de se replier sur des positions plus rapprochées de Metz, sous le prétexte que les vivres manquaient et qu'il fallait se réapprovisionner en munitions. Qui ne se souvient de la douloureuse stupéfaction des soldats et des véhémentes protestations des officiers, quand la nouvelle de la retraite se répandit dans les bivouacs ! S'éloigner du champ de bataille, où l'on venait de toucher de près à la victoire, révoltait le bon sens et humiliait les courages. Les Allemands, surpris de se trouver maîtres d'un terrain qu'ils n'avaient pas réussi à conquérir, se gardèrent bien de troubler la retraite.

A la suite des mouvements effectués le 17, les quatre corps français s'étendaient sur les plateaux de la rive gauche de la Moselle, le dos tourné à Metz, de Rozérieulles à Saint-Privat. Le même jour et dans la matinée du 18, l'armée allemande opérait un mouvement de conversion sur son aile droite appuyée à la Moselle, pour venir prendre position sur les mêmes plateaux parallèlement à l'armée française.

La bataille s'engage à midi sur le front du corps de Ladmirault, vers Amanvillers et Montigny-la-Grange ; les batteries établies sur la croupe entre Vernéville et Amanvillers sont démontées par le feu de la division Grenier. Jusqu'à 5 heures, la lutte est jalonnée par l'échec des attaques du général de Manstein contre le IV° corps, par la prise de Sainte-Marie-aux-Chênes et de la ferme de Saint-Hubert, et enfin par l'insuccès des attaques du corps du général Zastrow sur le Point-du-Jour. Partout l'ennemi se heurte à une sérieuse résistance.

Vers 5 heures, après un temps d'arrêt, l'action reprend avec une extrême violence à la gauche prussienne. Une première brigade de la garde est décimée dans sa marche d'attaque sur les crêtes d'Amanvillers ; deux autres, lancées en masses profondes à l'assaut de Saint-Privat, se replient après avoir subi des pertes énormes. A ce moment, le mouvement entamé après la prise de Sainte-Marie-aux-Chênes par le corps saxon, pour tourner au nord de Raucourt le corps Canrobert, est près d'aboutir. Le VIe corps ayant évacué Raucourt, la garde et les Saxons, appuyés par plus de 200 canons, se précipitent à l'assaut de Saint-Privat. Dans le village en flammes, l'héroïque maréchal Canrobert tient tête à l'ennemi sous une pluie de projectiles, et ne cède au nombre que lorsque ses valeureuses troupes ont tiré leurs dernières cartouches. Le IVe corps, découvert par le VIe, le suit dans sa retraite, mais non sans que le général de Ladmirault ait tenté un dernier effort. C'est alors que la division de grenadiers de la garde impériale et l'artillerie de réserve débouchent sur le plateau. Une dernière canonnade retentit avant que la nuit descende sur le champ de bataille.

A l'importance des pertes, on peut mesurer le courage déployé. Sur 32.435 hommes hors de combat dans les deux armées, les Français comptaient 1.146 tués, 4.420 disparus et 6.709 blessés. Les Allemands avaient 5.237 tués, 493 disparus et 14.430 blessés.

III

L'attitude du maréchal Bazaine, pendant la journée de Saint-Privat, laisse planer sur lui le soupçon qu'il ne considérait pas la victoire comme indispensable à la réalisation de son dessein de maintenir l'armée dans le camp retranché de Metz.

Seul, il n'avait pas fait son devoir. Tandis que Canrobert et Ladmirault s'épuisaient, pour vaincre, en efforts surhumains, tandis que Frossard et Lebœuf résistaient énergiquement aux poussées furieuses de l'ennemi, il ne s'était même pas montré sur le champ de bataille !

A 3 heures, il avait quitté à cheval sa

résidence de Plappeville pour se rendre en avant du fort de ce nom, d'où il pouvait apercevoir la gauche de l'armée française ; dans la journée, il n'avait cessé de répéter à ceux qui l'abordaient que l'affaire engagée était de peu d'importance. Enfin, il était resté sourd aux appels réitérés de Canrobert, qui lui demandait des munitions et l'envoi d'une réserve.

Si, à 6 heures du soir, après l'échec de la garde prussienne à Saint-Privat, la garde impériale et la réserve d'artillerie, au lieu de stationner inactives sur les pentes des forts Plappeville et Saint-Quentin, s'étaient trouvées à portée de la droite, il était possible de ressaisir définitivement la victoire. Le général Bourbaki avait, il est vrai, de son propre mouvement, fait abandonner à la garde, vers 6 heures, les emplacements fixés par le maréchal sur le plateau du Gros-Chêne, plus rapproché de la ligne de bataille, mais quand il se mit en mouvement vers la droite où Canrobert et Ladmirault le pressaient de venir, le VI⁰ corps commençait déjà à battre en retraite, et de nombreux blessés s'engageaient en désordre sur la route suivie par sa colonne. Devant lui se dressa alors le spectre de la déroute : il donna l'ordre à la garde de reprendre ses premières positions.

La bataille de Saint-Privat coupait l'armée française de sa ligne de retraite sur Verdun et la privait des ressources de l'intérieur du pays. Les Allemands l'avaient préméditée et préparée, et Bazaine était entré dans leurs vues au-delà de ce qu'ils pouvaient espérer.

Au point de vue tactique, la bataille a été le développement d'un programme que ne dérangea aucune inspiration spontanée. Elle a mis en relief l'emploi de l'artillerie en grandes masses pour la préparation des attaques de l'infanterie. Les résultats obtenus par les Allemands dans l'exécution des feux de l'infanterie étaient dus aux soins donnés pendant la paix à l'instruction du tir. Enfin, les pertes sérieuses faites dans l'attaque en formations serrées, lors du premier assaut donné à Saint-Privat, devaient amener les Prussiens à adopter le mode d'attaque en ordre dispersé par bonds successifs, qui, depuis, est devenu la caractéristique du combat moderne. Ce système fut mis en pratique, pour la première fois, sous Paris, au deuxième combat du Bourget.

Dans la nuit du 18 au 19, l'armée française se replia sur Metz. Après s'être battus comme des lions, les soldats des IVe et VIe corps, harassés de fatigue et perdus dans les ténèbres, dévalèrent en cohue des plateaux dans la vallée de la Moselle. Les ordres de retraite dans les lignes du camp retranché avaient peut-être été étudiés ou préparés pendant la matinée ou l'après-midi du 18, mais ils ne furent envoyés par le maréchal aux commandants de corps d'armée que dans la soirée. L'armée fut répartie en demi-cercle sur la rive gauche de la Moselle, en avant des forts. Le même jour, un ordre du prince Frédéric-Charles réglait les dispositions à prendre pour l'investissement de la place. Six corps d'armée prenaient position sur la rive droite, en tout 230.000 hommes.

Le maréchal avait le choix entre deux partis : subir le blocus ou en forcer les lignes. Il se décida, — au moins en apparence, — à embrasser le second pour répondre à l'appel du maréchal de Mac-Mahon, qui lui avait annoncé sa marche sur Montmédy. Une sortie par la rive droite de la Moselle, avec Thionville pour objectif, fut résolue pour le 26.

L'opération du passage de la Moselle par les troupes était à peu près terminée, quand Bazaine réunit au château de Grimont les commandants de corps et ceux des services de l'artillerie et de la place de Metz. On ne saura sans doute jamais dans quelle mesure l'opinion des généraux fut influencée par celle du commandant en chef, et comment ils en arrivèrent à exprimer l'avis que l'armée devait rester sous Metz, parce que sa présence maintenait devant elle 200.000 hommes, parce qu'elle donnait à la France le temps d'organiser la résistance, parce qu'enfin elle était nécessaire pour compléter les défenses de la place ; mais on ne peut que déplorer une décision qui désarmait plus de 170.000 soldats brûlant de se battre, et consacrait l'abandon du devoir militaire. Les troupes rétrogradèrent. En définitive, l'opération du 26 n'avait été qu'une mise en scène, qu'une fausse sortie.

Les jours suivants, Bazaine recevait des nouvelles de la marche de Mac-Mahon vers Stenay. Il finit par se résoudre à se porter au-devant de l'armée de Châlons, mais, au lieu de tenir son projet secret, il le communiqua d'avance aux commandants de corps. Le premier objectif de la nouvelle sortie, décidée pour le 31, était Noisseville; le second, Servigny, sur le plateau de Sainte-Barbe, à l'est de Metz; l'armée devait se diriger ensuite sur Thionville. En ne faisant ouvrir le feu qu'à la fin de l'après-midi, le maréchal donna toute facilité au général de Manteuffel pour organiser la défense. Dans la soirée, l'armée française était maîtresse de Noisseville et de Servigny. L'action recommença le lendemain, mais Servigny ayant été repris dans la nuit et Noisseville le matin, le maréchal fit rentrer les troupes sous Metz; il avait prévu cette retraite dans ses instructions pour la journée.

Après la bataille de Noisseville, qui nous coûtait 3.500 hommes hors de combat, les opérations, en dehors des engagements d'avant-postes, auraient désormais pour but de se procurer des vivres et des fourrages.

Peu à peu se resserra le cercle de fer qui étreignait l'armée. Les ouvrages prussiens se multiplièrent en avant de son front : tranchées-abris, épaulements pour l'infanterie, batteries, redoutes, barricades, abatis, réseaux de fil de fer. Toutes les issues, tous les débouchés reçurent des défenses. Sur les points faibles, les ouvrages formaient plusieurs lignes de contrevallation. Pour la première fois, les Prussiens allaient pratiquer la défensive. On avait eu le tort, de notre côté, en se repliant sur Metz, de laisser en avant du front des positions dominantes que l'ennemi s'était hâté d'occuper.

Le 3 septembre, Bazaine était informé du désastre de Sedan. L'armée l'apprit à son tour, avec la chute de l'Empire et l'établissement du gouvernement de la Défense nationale. La pénurie des vivres commença à se faire sentir les jours suivants. L'armée se consumait dans une énervante inaction, à laquelle les petites expéditions à hauteur des avant-postes ne faisaient trêve que passagèrement. Le 16 septembre, le maréchal envoya le colonel Boyer, son aide de camp (peu après général), demander au prince Frédéric-Charles des renseignements sur la situation intérieure de la France. On se rappelle que cette démarche, point de départ d'un échange suivi de parlementaires avec les Allemands, l'entraîna à s'aboucher avec un personnage équivoque qui, sous le pseudonyme de Régnier, se donnait comme ayant mission de l'impératrice d'amener M. de Bismarck à traiter de la paix. Ces pourparlers eurent pour conséquence l'envoi en Angleterre, auprès de la régente déchue, du général Bourbaki, transformé, pour la circonstance, en agent de la restauration impériale ; dans l'attente inquiète de son retour, le maréchal fit poursuivre les négociations par le général Boyer, d'abord auprès du grand quartier-général du roi, et ensuite auprès de l'impératrice.

En nouant avec l'ennemi, dans le mystère, des négociations entachées de calculs politiques et auxquelles ses visées d'ambition personnelle n'étaient pas étrangères, Bazaine enfreignait ses devoirs de soldat et de commandant en chef tracés par les règlements militaires. Quant à Bourbaki, on ne s'explique guère qu'un soldat de sa trempe ait consenti à s'éloigner de ses compagnons d'armes (il ne devait pas rentrer à Metz) à une heure aussi critique. Peut-être son indépendance de caractère rendait-elle sa présence gênante au moment où le maréchal sentait le besoin de faire partager à ses subordonnés la responsabilité de ses ténébreuses combinaisons.

A six reprises, entre le 17 septembre et le 26 octobre, Bazaine fit appel aux lumières de ses lieutenants, réunis en conseil, pour résoudre les difficultés de la situation. Le 10 octobre, les généraux furent d'avis de maintenir l'armée sous Metz jusqu'à l'entier épuisement des vivres et d'entamer, dans les quarante-huit heures, des pourparlers avec l'ennemi en vue d'une convention militaire ; toutefois, ils admirent qu'on tenterait de percer les lignes prussiennes si l'honneur militaire le réclamait. Dans le conseil du 18, ils décidèrent, après avoir entendu le général Boyer, revenu du quartier-général allemand, que le maréchal aurait à traiter avec le gouvernement prussien comme mandataire de l'impératrice.

Cinq jours plus tard, M. de Bismarck faisait savoir au commandant en chef de l'armée de Metz que le roi n'entrevoyait plus de solution à donner aux négociations politiques en cours. Ce changement d'attitude était la conséquence de la résolution prise par l'impératrice, sous l'inspiration d'un sentiment d'abnégation auquel l'âme de Bazaine était irrémédiablement fermée, de ne pas se prêter au rôle qu'on lui offrait de jouer avec la complicité de l'étranger. Dans le conseil tenu le 24, on ne pouvait donc discuter que sur cette question : Faut-il se battre ou capituler ? Dans celui du 26, il ne s'agissait plus que de savoir comment on capitulerait.

L'armée semblait ne plus exister pour le maréchal Bazaine, depuis qu'il négociait avec l'ennemi. Toute idée d'offensive était écartée. A peu près jusqu'à la fin de septembre, l'armée possédait assez de moyens d'action pour ne pas craindre de se mesurer avec les Prussiens. Officiers et soldats, aguerris par les premières luttes, ne demandaient qu'à se soustraire à l'inaction. Plus tard, à mesure que s'aggrava l'affaiblissement physique résultant des privations, et que se resserra le blocus, le succès d'une sortie en masse devenait de plus en plus problématique.

Envisagée à ce point de vue, la situation de l'armée dut faire réfléchir les commandants de corps. Eux-mêmes, il faut le reconnaître, participaient à l'affaissement moral ambiant. Cependant, ils n'étaient pas sans se rendre compte de l'insuffisance du commandement en chef, eux qui en avaient le plus souffert. Quant à faire un coup d'État militaire, ces hommes de cœur et d'honneur en étaient incapables ; pour eux, suivant la belle expression du général Deligny, « le commandant en chef était placé sous l'égide de la discipline, et le moment eût été mal choisi pour lacérer le catéchisme du soldat ».

Quand furent démasquées les machinations ourdies par M. de Bismarck pour traîner en longueur des négociations qu'il savait devoir ne pas aboutir, l'heure du dénouement fatal avait irrémissiblement sonné. Le 27 octobre, l'armée et la place de Metz capitulaient : 173.000 hommes, dont trois maréchaux de France, plus de 50 généraux et 6.000 officiers, 53 drapeaux et un immense matériel tombaient aux mains de l'ennemi !

L'homme qui avait consommé cette honte, pressé de se dérober au spectacle des dernières humiliations, faisait demander, le lendemain, le mot pour franchir les avant-postes. Ce jour-là, le mot d'ordre était : *Dumouriez...*

Trois ans après, le conseil de guerre de Versailles, présidé par le duc d'Aumale, déclarait le maréchal Bazaine coupable d'avoir capitulé en rase campagne, d'avoir traité avec l'ennemi sans avoir fait préalablement tout ce que lui prescrivaient le devoir et l'honneur, d'avoir enfin rendu la place de Metz avant l'épuisement de tous les moyens de défense, et le condamnait à la peine de mort, avec dégradation militaire.

Par quelle aberration, après un tel verdict, la justice se désarma-t-elle elle-même ? Comment, en présence d'un crime de lèse-patrie, consommé devant 170.000 témoins, a-t-elle eu la faiblesse de reculer devant l'expiation suprême qu'elle a d'abord voulue ?

Le maréchal Bazaine n'était pas seulement un chef militaire incapable et imprévoyant, que désorientaient le commandement d'une armée de près de 200.000 hommes et l'offensive en rase campagne. C'était un sceptique d'une rare finesse pratique touchant à l'astuce ; il devait pourtant trouver son maître sous ce rapport dans le chancelier prussien. L'intrigue politique n'ayant pour lui aucun ressort caché, il se persuada trop facilement qu'elle lui ouvrirait, mieux que les entreprises de guerre, la voie où son ambition trouverait satisfaction ; elle devait l'égarer jusqu'à l'aveuglement sur son devoir de soldat.

Le châtiment ne se fit pas attendre. Mais, hélas ! il atteignait, avec le coupable, de vaillants soldats dignes d'un meilleur sort, la noble cité messine aux remparts inviolés, et la nation tout entière, déjà meurtrie par de douloureuses défaites.

Enfin, la chute de Metz, en rendant à

l'armée du prince Frédéric-Charles la liberté de ses mouvements, allait permettre aux Allemands d'apporter un formidable appoint à leurs forces engagées au cœur de la France contre l'armée de la Loire.

CHAPITRE II

L'ARMÉE DE CHALONS

I

Dès à présent, le jour est fait à peu près complètement sur les événements qui ont marqué le retour offensif de l'armée de Châlons sur la Meuse et sur Sedan. Les principaux acteurs du drame, dont Paris, Châlons, Sedan et Metz ont vu se dérouler les péripéties, ont presque tous pris la parole. Il n'est pas d'opération militaire qui n'ait été étudiée, discutée et commentée dans ses détails. Quant aux combinaisons de la politique entrées en jeu avec celles de la guerre, les ressorts en ont été mis à nu dans ce qu'il ont d'essentiel, et il ne paraît guère possible, en dehors du champ illimité des hypothèses, d'apporter de nouvelles lumières sous ce rapport, si ce n'est sur des points d'importance secondaire.

Le moment semble donc propice pour rechercher et fixer, dans un coup d'œil d'ensemble, les causes principales et les conséquences de la capitulation de Sedan et pour tirer quelques enseignements de l'examen des fautes et des erreurs commises.

Aucune épreuve n'a été épargnée à l'armée de Châlons pendant son existence éphémère. C'est miracle si elle ne s'est pas désagrégée dans le camp de Mourmelon, où sont venus s'entasser pêle-mêle les quatre corps d'armée (Ier Ducrot, Ve de Failly, VIIe Félix Douay, XIIe Lebrun), placés sous les ordres du maréchal de Mac-Mahon. Dès qu'elle s'en éloigne, elle est livrée aux hasards d'une marche incohérente que l'audace croissante de l'ennemi ne tarde pas à rendre périlleuse. Un coup de surprise l'entame gravement à Beaumont, avant qu'elle ait atteint Sedan. Là, deux armées allemandes commencent à l'envelopper. Devant l'immense danger, le vieux sang français bouillonne encore dans les veines de ses soldats; à Bazeilles et sur les plateaux d'Illy et de Floing, elle lutte longtemps pour l'honneur avant d'être serrée jusqu'à l'écrasement dans le puissant étau forgé par l'implacable de Moltke.

On a dit et on dira sans doute encore que l'inévitable Destin a réglé ainsi les étapes et la fin sanglante de cette lamentable odyssée; qu'il a, dans sa force aveugle et brutale, dérouté les conceptions du commandement et mis à néant ses ordres; qu'il a suscité d'insurmontables obstacles, qu'il a brisé les ressorts d'énergie des chefs et des soldats; en un mot, qu'il a déchaîné sur nos valeureuses troupes toutes les calamités. Une telle opinion est moins l'expression d'une conviction arrêtée et sincère qu'une forme de langage dont quelques-uns se servent à l'occasion pour éviter de s'expliquer sur des événements déconcertants et pour dégager des responsabilités gênantes. A peine avons-nous besoin de dire que nous ne partageons pas cette manière de voir : elle répugne à notre impartialité.

Dans les grands conflits armés des nations, la politique est généralement associée à la guerre. Son intervention n'est réellement funeste que lorsqu'elle tend à imprimer aux mouvements stratégiques une direction en opposition avec les intérêts militaires, ou de nature à compromettre le salut de l'armée.

Les calculs politiques, qui firent dévier l'action militaire dans les opérations de l'armée de Châlons, ont été condamnés par Napoléon III lui-même dans une lettre adressée de Willhemshœhe, où il était captif, le 29 octobre 1870, c'est-à-dire le surlendemain de la capitulation de Metz, au lieutenant-général sir John Burgoyne, ancien commandant en chef du génie de l'armée anglaise en Crimée. Cette lettre, citée par M. Saint-Marc Girardin, un des rapporteurs de la commission d'enquête sur les événements du 4 septembre, a été reproduite dans diverses publications, mais il est opportun de la rappeler une fois de plus à ceux qui seraient tentés d'atténuer la gravité de certaines responsabilités.

« ... Vous qui êtes, écrivait l'empereur, le Moltke de l'Angleterre, vous avez compris que nos désastres viennent de cette circonstance que les Prussiens ont été plus tôt prêts que nous, et que, pour ainsi dire, ils nous ont surpris en flagrant délit de formation. L'offensive étant devenue impossible, je me suis résolu à la défensive, mais, empêchée par des considérations politiques, la marche en avant a été arrêtée, puis est devenue impossible.

« Revenu à Châlons, j'ai voulu conduire à Paris la dernière armée qui nous restait, mais, là encore, des considérations politiques nous ont forcés à faire la marche la plus imprudente et la moins stratégique, qui a fini par le désastre de Sedan ».

L'aveu est clair et sans restrictions. Il précise devant l'histoire le mobile prépondérant des résolutions prises pour la concentration à Châlons de la dernière armée de la France, et pour l'orientation de sa marche offensive vers la Meuse.

L'empereur — on l'a remarqué — a écrit : « *Nous sommes forcés* à faire la marche... » et non : « *Je suis forcé...* » Il mettait ainsi en cause la responsabilité de l'impératrice avec la sienne. Ils étaient évidemment en communauté d'idées quant à leurs intérêts dynastiques, et ne différaient que sur les moyens militaires à employer pour les sauvegarder. Tandis que l'empereur penchait pour le retour de l'armée sous les murs de Paris, l'impératrice régente se prononçait fermement, en s'appuyant sur l'opinion du comte de Palikao, ministre de la Guerre, pour une marche offensive du côté de Metz en vue d'une jonction avec l'armée du maréchal Bazaine.

Les deux projets étaient praticables. Le premier laissait plus de temps pour réorganiser l'armée, mais avait l'inconvénient de prolonger la défensive qui, jusqu'alors, nous avait porté malheur; le second, réclamé par l'opinion publique, comportait, au contraire, l'offensive, et il est à peu près démontré aujourd'hui que, s'il avait été exécuté avec célérité, il aurait permis au maréchal de Mac-Mahon de combattre séparément les armées du prince de Saxe et du prince royal de Prusse.

Le premier parti, auquel Mac-Mahon était favorable, fut adopté, on le sait, dans la fameuse conférence du 17 août, à Châlons, où eurent part, avec l'empereur et le prince Napoléon, le maréchal et le général Trochu. A partir de ce moment, les ressorts de la haute direction militaire furent faussés par la présence de l'empereur au grand quartier-général, et par la décision qui plaçait l'armée de Châlons sous les ordres de Bazaine. Cette subordination répondait, ce qui est au moins étrange, aux vœux mêmes du maréchal de Mac-Mahon; la situation équivoque qui en fut la suite engendra un tel désordre d'idées, que la plupart des hommes appelés au grand honneur de relever la France de sa déchéance militaire se laissèrent aller jusqu'à perdre parfois conscience de leur véritable rôle.

A Paris, Palikao défendait, avec l'assurance d'un stratège, son plan de campagne qui n'était autre que celui de Dumouriez retourné ; il expédiait de temps en temps à l'empereur d'impérieux messages, mais n'osait pas contrarier sérieusement les idées et l'initiative du maréchal. Sur Bazaine, il n'avait aucune action.

Qui aurait eu prise, d'ailleurs, sur ce soldat retors, habile à laisser sa pensée en suspens ou à l'envelopper d'obscurité, au point qu'à quarante ans de distance il reste encore un sphinx pour ceux qui essaient de démêler dans ses actes et dans ses paroles la part à faire à la trahison et celle qui revient à l'inconscience et à l'incapacité ?

On s'est souvent demandé, en présence de l'inaction du maréchal Bazaine à Metz, s'il se souciait réellement d'être secouru. C'est un doute qui semble n'avoir jamais effleuré le loyal soldat et l'homme de devoir qu'était le maréchal de Mac-Mahon, du moins à en juger par la constance avec laquelle il poursuivit jusqu'au bout son dessein de le rejoindre, même lorsqu'il avait cessé d'en recevoir des nouvelles. Que n'a-t-il appliqué à la conduite des opérations de l'armée de Châlons la même suite dans les idées ?

Lorsque le plan du comte de Palikao

prévalut définitivement, le maréchal de Mac-Mahon ne crut pas devoir renoncer à diriger les opérations dans le succès desquelles il n'avait pas confiance. Par là, il se mettait en désaccord à la fois avec la logique et avec la doctrine napoléonienne bien connue. Pour son malheur et pour le nôtre, il en porta aussitôt la peine en tombant dans une funeste irrésolution. Par un inutile crochet vers le nord-ouest, il se porta à Reims. Deux jours plus tard (23 août), à la suite d'une dépêche du maréchal Bazaine lui annonçant son intention de se diriger vers le nord pour se rabattre ensuite par Montmédy sur Châlons, il se mit en route pour gagner le nord de l'Argonne, d'où il se proposait d'atteindre Metz en passant entre Mézières et Montmédy.

Une autre dépêche du maréchal Bazaine, du 20 août, où il se montrait sensiblement moins affirmatif dans son projet de sortir de Metz, n'était pas parvenue au maréchal. Le sort de cette dépêche a soulevé une polémique portant sur des questions assez délicates ; la seule qui nous intéresse ici est de savoir si Mac-Mahon aurait tenu compte ou non du nouvel avis de Bazaine, c'est-à-dire s'il aurait arrêté ou non son mouvement vers le nord-est. Les explications vagues et contradictoires fournies sur ce point par Mac-Mahon ne permettent de conclure fermement ni dans un sens ni dans l'autre. Cependant, sa soumission volontaire à Bazaine nous dispose assez à croire qu'il aurait passé outre pour aller à son secours ; l'état d'esprit qu'elle révèle a été parfaitement caractérisé par le général Lebrun dans cette formule : « Obéissance d'abord, puis advienne que pourra pour celui qui a obéi ».

Pour faire tête à un adversaire comme le général de Moltke, habitué par une longue et patiente pratique de la science militaire à ne rien abandonner au hasard sur l'échiquier de la guerre, il aurait fallu à l'armée de Châlons, à ce moment critique, un chef avisé, ayant la foi et ne s'inspirant que de lui-même, un manœuvrier tour à tour hardi et prudent, connaissant le prix de l'heure. En dehors de toute considération sur l'influence résultant pour le maréchal de Mac-Mahon de sa subordination absolue à Bazaine, peut-on dire qu'il a été ce chef?

S'il avait été vraiment ce chef, il aurait commencé par brûler les étapes qui séparent Reims de la ligne de la Meuse vers Stenay et Mouzon, en évitant les sursis de départ, les à-coups et les détours inutiles ; il aurait exigé l'observation rigoureuse des règles du service de sûreté, et ne serait pas resté une heure sans informations sur la force et les positions des armées allemandes ; parti sans équipages de pont, il aurait prévenu l'occupation par l'ennemi des ponts indispensables pour assurer le débouché de ses propres troupes ; il n'aurait pas attribué à la cavalerie en marche des emplacements de nature à en paralyser l'action, ou ne permettant pas de protéger les flancs exposés ; il aurait prévu les difficultés résultant de l'insuffisance des approvisionnements sur les itinéraires suivis ; enfin, résolu à maintenir l'unité de direction dans la conduite des opérations et à sauvegarder l'autorité de son commandement, il aurait réglé l'action combinée de ses lieutenants de manière à leur faciliter l'exécution rigoureuse de ses ordres, et à assurer à chacun d'eux, en toute circonstance, l'appui effectif des autres.

Il n'est que juste de reconnaître que l'organisation hâtive et le manque d'homogénéité et de cohésion de l'armée de Châlons atténuent jusqu'à un certain point la responsabilité, pour le maréchal, de la suite ininterrompue de mouvements mal combinés, d'ordres et de contre-ordres, de malentendus, d'atermoiements et de négligences qui caractérisa la marche de Reims vers la Meuse. Une de ces négligences eut des conséquences néfastes : c'est celle qui se produisit dans la transmission d'un ordre adressé le 29 août au général de Failly. En contribuant à retarder le Ve corps dans sa marche, elle le mit aux prises avec l'ennemi à Nouart ; or, le combat engagé sur ce point fut le prélude de la bataille de Beaumont.

Quel affreux cauchemar fait revivre ce nom de Beaumont ! Quelques-uns voudraient crier à la fatalité, mais les faits sont là, vivants, indéniables, et, dans leur implacable réalité, ils paralysent tout appel. La responsabilité de la sanglante journée du 30 août pèse presque tout entière sur le général de Failly. Son renom d'intrépidité n'a pas suffi à le laver de l'accusation d'avoir fourni, par son imprévoyance, aux troupes du prince de Saxe et aux Bavarois les moyens de le surprendre. Il est acquis qu'il n'a pas su se garder, que ses emplacements de bivouac étaient défectueux, et qu'il a négligé d'occuper les positions dominant la clairière de Beaumont, d'où il aurait pu résister avec avantage à l'attaque ennemie et préparer sa retraite sur Mouzon. En outre, au cours de la marche de Reims sur Beaumont, il avait, à plusieurs reprises, contrevenu aux ordres du commandant en chef.

Le soir même où se consommait ce désastre, l'empereur télégraphiait à Paris la nouvelle d'un engagement insignifiant... Sans être aussi optimiste, le maréchal n'envisageait pas la situation sous son véritable jour. En se rabattant sur le nord-est, il y attirait l'ennemi qui chercherait à l'atteindre pour l'arrêter dans sa marche. S'il avait été bien renseigné sur les positions des armées du prince de Saxe et du prince royal, il se serait fait une idée des mouvements de conversion par lesquels leurs différents éléments, engagés d'abord dans la direction de l'ouest, se redressaient pour prendre celle du nord ; il aurait compris alors qu'il allait se heurter à des têtes de colonnes ayant achevé leur changement de front, qu'il fallait se hâter de les attaquer avant la concentration générale partout où il les rencontrerait, et que, loin de retarder sa marche, cette offensive hardie lui ferait gagner un peu de temps. Malheureusement, tout prouve qu'il savait à peine ce qui se passait autour de lui. C'est ainsi qu'à Nouart et à Beaumont il avait subi le choc de l'ennemi au lieu de le prévenir.

II

Quel saisissant contraste entre les volontés dirigeantes dans les deux grands quartiers-généraux des armées aux prises, pendant les quelques jours qui venaient de s'écouler !

Ici, l'empereur et le maréchal de Mac-Mahon, l'un ne gouvernant plus, ne commandant plus, et hasardant encore quelques avis quand les injonctions venant de Paris n'étaient pas trop pressantes, l'autre troublé dans l'exécution de ses desseins par la préoccupation d'un but aveuglément poursuivi et par le souci de ménager les illusions de son souverain; là, le roi et son chef d'état-major, le général de Moltke, unis par une confiance mutuelle, raisonnée et absolue, grâce à laquelle ils se complétaient l'un par l'autre, le premier ne perdant rien du prestige attaché au pouvoir militaire suprême, le second conservant son entière liberté d'action pour la préparation méthodique des opérations de guerre.

Cependant, le changement de front et les mouvements de concentration des armées allemandes sur la rive gauche de la Meuse s'étaient accomplis avec une précision pour ainsi dire mathématique. L'opération entamée par le chef du grand état-major allemand, dès qu'il avait connu la marche de Mac-Mahon sur Montmédy, était terminée le jour de la bataille de Beaumont. A ce moment, l'ennemi n'ayant plus de troupes sur la rive droite du fleuve, le corps Ducrot se trouvant à Carignan et celui du général Lebrun à Illy, la route de Montmédy restait accessible. Le lendemain (31 août), le maréchal aurait donc pu défendre le passage de la Meuse, et retarder la manœuvre enveloppante que de Moltke avait prescrite formellement dans la nuit du 30 au 31. Aucune de ces chances de salut ne fut tentée.

Une autre porte de sortie sur l'encerclement prussien, celle de Mézières, par le nord de la boucle de la Meuse, à Iges, n'était pas encore fermée dans l'après-midi du 31 et la nuit suivante. Alors que le maréchal n'avait songé jusque-là qu'à se soustraire à l'étreinte de l'ennemi, on pouvait croire qu'il chercherait à battre en retraite de ce côté. Peut-être était-ce son intention secrète quand il fit rétrograder, le 31, le général Ducrot de Carignan sur Sedan, mais il n'y donna pas suite, et prit le parti de consacrer cette journée, dont les heures valaient des jours pour lui, à concentrer son armée aux abords de Sedan, au nord-est de la place. Le 31 au soir, il ne donnait aucun ordre pour le 1er septembre, qui devait être jour de repos !

A première vue, le petit massif montueux, semé de villages, coupé de ravins et boisé dans une de ses parties, où le maréchal avait établi ses bivouacs, entre la Meuse et les ruisseaux de Floing et de la Givonne, semble d'une défense facile. C'est une impression dont on revient dès qu'on s'aperçoit que le prolongement du massif vers le nord contient des hauteurs dominant à bonne portée les emplacements choisis. Le maréchal espérait-il être en sécurité dans ce réduit? On peut le supposer, puisqu'il se proposait d'y séjourner. S'exagérant, peut-être, la protection que lui assurait la Meuse, il comptait reprendre, le 2 septembre, sa marche vers le nord-est. Quoi qu'il en soit, son irrésolution en présence d'une situation d'heure en heure plus critique, n'était pas sans alarmer ses lieutenants. Ceux qui ont vécu ces tristes jours savent jusqu'à quel point le malaise était général dans la troupe comme dans les états-majors.

La bataille qui allait se livrer aurait forcément un caractère défensif comme les engagements précédents. L'offensive, pour laquelle l'armée avait été créée, n'était qu'une fiction. La marche en avant ressemblait singulièrement à une retraite. Jusqu'à la fin, nous devions subir la volonté de l'adversaire et nous débattre dans l'impuissance.

Les intentions du maréchal n'étant pas connues, la lutte s'engagea pour ainsi dire d'elle-même, le 1er septembre, à l'aube, dans les prés de Bazeilles. Elle se développa aussitôt en une série d'actions partielles, décousues et confuses, parfois favorables aux élans de la *furia francese*, mais défiant le plus souvent l'initiative des chefs des grandes unités.

En admettant que le maréchal ait été forcé d'accepter la bataille le 1er septembre, il aurait pu quand même se placer dans des conditions moins désavantageuses le 31 août, sans s'éloigner de Sedan. Les hauteurs s'étendant à l'ouest de la boucle d'Iges, entre Donchery et Vrigne-aux-Bois, offraient des positions permettant d'utiliser les routes aboutissant à Mézières. C'est sur ces routes que l'ennemi s'attendait à trouver la plus grande résistance. Depuis quelques jours, le général Ducrot prévoyait que l'enveloppement allemand s'étendrait jusque-là, et se préoccupait des dispositions à prendre pour l'éviter ; les circonstances devaient, tardivement il est vrai, lui en fournir les moyens.

Le maréchal de Mac-Mahon ayant été blessé vers 6 heures du matin, usa du droit que les règlements militaires lui conféraient, de désigner son successeur à la tête de l'armée. Son choix se porta sur Ducrot. On peut dire avec assurance qu'aucun des commandants de corps n'en était plus digne. Sa bravoure, son énergie, son coup d'œil et le sentiment élevé du devoir qui l'animait en toute circonstance, lui avaient gagné la confiance de tous, officiers et soldats. Avant la guerre, comme commandant de la division de Strasbourg, il s'était employé avec une ardeur patriotique que rien ne lassait, à recueillir des renseignements sur l'organisation et la tactique prussiennes. Instruit à fond des progrès réalisés par nos voisins dans la préparation militaire, il envoyait au ministre et à l'empereur des rapports qui concluaient sans restrictions à l'imminence de la guerre. Ses avertissements prophétiques devaient rester lettre morte.

Le général Douay était plus ancien divisionnaire que Ducrot et comptait de brillants services de guerre. Il ne songea pas, cependant, à disputer à son camarade le commandement en chef. Par son manque de sang-froid lors de la retraite du VII° corps dans la Haute-Alsace, après Frœschwiller, et aussi par son attitude et ses actes pendant la marche de Châlons sur la Meuse, il n'avait pas donné l'impression d'un chef capable de s'imposer à tous. On lui a aussi reproché de n'avoir pas occupé en force, le 1ᵉʳ septembre, des points de défense d'une grande importance.

La première préoccupation du général Ducrot, généralissime, fut de trouver d'autres positions de combat. Plusieurs solutions durent se présenter à son esprit. Celle qui consistait à reprendre la marche sur Montmédy était la plus périlleuse, l'armée du prince de Saxe occupant de solides positions sur la Chiers et sur les crêtes de la vallée de la Givonne. Au sud, toute tentative pour sortir de jour ou de nuit de Torcy et déboucher sur la rive gauche de la Meuse, sous le feu des batteries ennemies de cette rive, était vouée à un échec certain. L'idée d'une retraite qui aurait acculé les troupes à la frontière belge pour y être désarmées ne pouvait être qu'écartée. Restait une dernière solution : la retraite sur Mézières, que rendait possible la praticabilité, démontrée depuis, des bois de la Falizette. Après avoir tenté vainement de la faire adopter par le maréchal de Mac-

Mahon, Ducrot allait l'appliquer lui-même. Il commença par donner l'ordre de concentrer l'armée sur le plateau d'Illy.

Environ une heure plus tard, tandis que les mouvements prescrits s'exécutaient, le général de Wimpfen, venant d'Algérie et arrivé la veille à Sedan pour remplacer le général de Failly à la tête du Ve corps, faisait savoir à Ducrot qu'une lettre de service l'investissait du commandement en chef de l'armée. Profondément pénétré de ses devoirs militaires, Ducrot s'inclina devant l'ordre ministériel.

La responsabilité de la désignation du général de Wimpfen pèse sur le comte de Palikao. Quant au général, si légitime qu'ait été en elle-même sa revendication, elle ne le disculpe pas de la faute très grave qu'il a commise en dirigeant les opérations sur un terrain qu'il ne pouvait connaître dans d'indispensables détails, sans être éclairé suffisamment sur les positions et sur la tactique de combat de l'adversaire;

de plus, il avait eu le tort d'exciper de sa nomination pour prendre le commandement de l'armée au moment où se dessinait un semblant de succès du côté de Bazeilles, au lieu de la produire quand le maréchal avait été blessé.

Que le général de Wimpfen ait obéi à un sentiment d'abnégation patriotique ou n'ait pas su résister à un mouvement d'ambition, il n'en est pas moins vrai que son rôle comme généralissime peut faire regretter le changement qui priva l'armée de la clairvoyante expérience de Ducrot. Il commence par ordonner la retraite des troupes sur leurs positions antérieures. En vain Ducrot l'adjure de ne pas renoncer à la retraite sur Mézières. Interprète, il ne faut pas l'oublier, des idées de Palikao, obstinément favorables à la marche sur Montmédy, Wimpfen ne songe qu'à dégager la route de Carignan et, dans ce but, prescrit un mouvement offensif sur Bazeilles, sans se rendre compte que l'ennemi a tout intérêt à l'occuper de ce côté pour rendre plus libres ses manœuvres enveloppantes.

Quand Douay manifeste la crainte d'être débordé au Calvaire d'Illy, Wimpfen se décharge sur Ducrot de la tâche difficile de trouver, au milieu du désordre de la défense, les renforts nécessaires. C'est alors que, redevenu généralissime pour un instant, le commandant du 1er corps ordonne au général Margueritte, puis à Galliffet, de charger l'ennemi. Tandis que la mitraille décime notre héroïque cavalerie, Wimpfen revient à Bazeilles. Dans son inconscience, il ne perd pas encore l'espoir de vaincre ; il cherche à s'ouvrir la route de Carignan. Rejeté sur Balan, il fait, avec une poignée de braves, une tentative désespérée pour en sortir. Tout est fini ! Déjà ont commencé les négociations pour la capitulation.

Le général de Wimpfen ne devait pas se montrer plus clairvoyant et plus habile dans son rôle de négociateur de la capitulation que dans celui de généralissime. On ne peut que déplorer le mouvement de faiblesse qui le porta à envoyer sa démission après l'échec de sa tentative sur Balan. Il revint, d'ailleurs, sur sa détermination. Dans la conférence où il eut à débattre, avec le général de Moltke et M. de Bismarck, les clauses de la capitulation, il montra peu de tact en faisant valoir son irréprochable réputation militaire, que des exigences trop rigoureuses pourraient déshonorer à jamais. Il s'attira même, de la part du chancelier, des observations quelque peu humiliantes sur l'insuffisance de ses connaissances topographiques. Enfin, il commit la faute impardonnable d'accepter les dispositions par lesquelles les officiers pourraient échapper à la captivité à la condition de s'engager, par écrit, à ne point porter les armes contre l'Allemagne jusqu'à la fin de la guerre.

La responsabilité de la capitulation de

Sedan retombe, sans aucun doute, pour la plus grande part, sur l'empereur, chef suprême des armées, qui a déclaré la guerre sans être prêt à la soutenir ; celle qui incombe au comte de Palikao, inspirateur des combinaisons stratégiques de la campagne, et celle qu'a assumée le général de Wimpfen en prenant sans préparation, sans plan arrêté, le commandement de l'armée, et en ne comptant que sur les péripéties de la bataille pour embrasser un parti définitif, sont encore assez sérieuses. Quant au maréchal de Mac-Mahon, qui a présidé — on sait avec quelle impéritie — à la marche de l'armée de Châlons sur Sedan, sa responsabilité serait très grave si elle n'était atténuée sensiblement par sa subordination au ministre et au maréchal Bazaine.

L'acte de capitulation signé le 2 septembre livrait à l'ennemi l'armée tout entière et son matériel. Ce cruel dénouement était la résultante inévitable d'un enveloppement stratégique, combiné avec une incomparable sûreté de coup d'œil, de manière à aboutir à un enveloppement tactique dont l'exécution aussi hardie que rapide fut grandement facilitée par une écrasante supériorité en hommes et en artillerie (124.000 hommes contre 245.000, et 419 bouches à feu contre 813).

L'immense victoire prussienne dépassait de beaucoup les prévisions du général de Moltke. Elle était le fruit de l'instruction solide du soldat et de sa cohésion dans le rang, des constants efforts des officiers pour entretenir l'esprit de devoir, principe même de la discipline, et pour exalter le sentiment patriotique, enfin de l'initiative et de l'audace des chefs et de leur entente sur le champ de bataille; elle était due aussi, au point de vue tactique, dans une assez large mesure, à l'utilisation bien comprise des terrains boisés et à l'emploi, au moment propice, d'énormes masses d'artillerie dont on n'avait pas encore vu un déploiement pareil.

Nombreuses sont les fautes commises, de notre côté, au même point de vue. Qu'il nous suffise de signaler les négligences qui nous ont conduits, soit à ne pas défendre, soit à ne pas détruire à temps des ponts ouvrant des débouchés importants, et à ne pas organiser défensivement la lisière des lieux habités pour empêcher l'ennemi d'y prendre un point d'appui.

Dans le domaine de la stratégie, l'échec définitif de la tentative de jonction avec le maréchal Bazaine démontrait, une fois de plus, les difficultés, pour une armée de secours, de se concerter avec une armée assiégée et de la rejoindre à temps pour la renforcer.

La catastrophe qui avait fondu sur l'armée fut suivie presque immédiatement de l'effondrement du régime impérial. C'était l'expiation du manque de préparation à la guerre et des empiétements de la politique sur la direction des opérations militaires.

Nous n'avions plus d'armée tenant campagne, et la route de Paris restait ouverte à l'invasion victorieuse. Jamais l'avenir de la France n'était apparu aussi sombre, jamais son existence n'avait semblé aussi menacée, et, pourtant, Sedan n'était que la première étape de sa course à l'abîme, le premier râle de sa longue agonie...

CHAPITRE III

LES ARMÉES DE LA LOIRE

Après la chute de Metz, il ne restait à la France qu'un faible noyau de troupes régulières : à peine 6o.ooo hommes.

Cette situation critique n'empêcha pas le gouvernement de la Défense nationale de décider la continuation de la lutte. Si l'on juge les résultats qu'il a obtenus d'après ceux qu'il se proposait d'atteindre, on peut regretter qu'il n'ait pas attaché plus d'importance à l'avis des hommes clairvoyants pour lesquels notre infériorité numérique en combattants et le manque de cadres et de soldats exercés rendaient impossible un retour de fortune.

Du moins faut-il, pour être juste, lui tenir compte des efforts qu'il a tentés pour éviter à la France de s'abandonner elle-même sous le poids de ses revers et pour sauvegarder l'honneur de ses armes.

Après avoir résolu la prolongation de la résistance, le gouvernement eut le tort de ne pas se transporter en entier en province. Son dédoublement entre Paris et Tours transforma les armées de l'intérieur en armées de débloquement, et les plaça, vis-à-vis de celle de la capitale, à peu près dans la situation où s'était trouvée l'armée de Châlons par rapport à celle de Metz, de sorte que la guerre de 1870-71 se résume en combinaisons qui, par leur nature même, sont presque fatalement vouées à l'insuccès, tant il est difficile à une armée de secours de concerter avec l'armée assiégée une action commune, et de déjouer les efforts d'un adversaire vigilant.

Avant l'investissement complet de Paris

par les Allemands (19 septembre), le gouvernement avait décidé de constituer une armée de la Loire pour protéger le sud et l'ouest de la France. Dès son arrivée à Tours, le 16, la Délégation s'était occupée de grouper en deux corps d'armée (XVe et XVl^e) les éléments immédiatement disponibles. Le 21, était décrétée la création du XVe corps organisé à Bourges sous les ordres du général de la Motte-Rouge, et qui devint le noyau de la *1re armée de la Loire*.

Les Allemands, prévenus du rassemblement de ces troupes, envoyèrent le général von der Tann dans la région d'Orléans. Le XVe corps y fut porté de son côté. Après une lutte acharnée dans les faubourgs d'Orléans, la ville fut évacuée les 10 et 11 octobre ; le XVe corps alla s'établir au delà de la Loire, à Salbris, sur la Sauldre. Aussitôt après, le gouvernement relevait de son commandement le général de la Motte-Rouge, coupable surtout de s'être laissé battre, et le remplaçait par le général d'Aurelle de Paladines, auquel il donnait, en outre, le commandement du XVIe corps (général Pourcet, puis général Chanzy), formé à Blois.

L'immense tâche de l'organisation de la défense en province, assumée tout d'abord par l'amiral Fourichon, était échue à M. de Freycinet, depuis sa nomination de délégué à la Guerre, le 10 octobre ; il la poursuivit sous ce titre, lorsque Gambetta, sorti de Paris en ballon, arriva à Tours le 20 octobre, et prit possession des ministères de l'Intérieur et de la Guerre. Dès son entrée en fonctions, M. de Freycinet adressa au général d'Aurelle des instructions détaillées sur les devoirs que lui imposait la situation au point de vue tactique et stratégique. Ce premier acte d'ingérence du délégué à la Guerre dans la direction des opérations militaires fut suivi de beaucoup d'autres plus importants qui devaient entraver gravement l'initiative du commandement.

Le 30 octobre, après avoir séjourné une quinzaine de jours à Salbris, les jeunes troupes du XV⁰ corps, réorganisées autant que possible par le général d'Aurelle, furent portées à hauteur de Beaugency, à la droite du XVI⁰ corps placé au sud et à l'ouest de la forêt de Marchenoir. Il était urgent de prendre l'offensive avant que les troupes rendues disponibles par la capitulation de Metz aient renforcé l'ennemi. C'est à ce moment que l'armée de la Loire apprit, par une proclamation de Gambetta, le sort de l'armée de Metz.

Les mouvements exécutés les jours suivants ont pour but de rapprocher l'armée d'Orléans, dont l'attaque a été décidée dans un conseil de guerre auquel ont assisté les généraux et M. de Freycinet; ils mettent aux prises, le 9 novembre, à Baccon et à Coulmiers, 70.000 hommes de l'armée de la Loire et les 22.000 Bavarois de von der Tann. L'occupation de Coulmiers, après un brillant assaut donné par la division Barry, du corps Chanzy, aux cris de : « Vive la France ! », amène l'évacuation d'Orléans et la retraite des Bavarois sur Toury. La victoire n'est pas douteuse, mais ce n'est qu'une lueur d'aube dans la nuit de la défaite. Les diversions combinées par d'Aurelle pour couper les communications de l'ennemi avec Paris, avaient échoué par suite d'une fausse manœuvre de la cavalerie du général Reyau et l'arrivée tardive d'une division du XVIe corps.

Les Bavarois s'étant retirés dans la direction d'Étampes, le général d'Aurelle fit occuper Orléans. L'établissement d'un camp retranché fut décidé par les généraux, d'accord avec Gambetta et M. de Freycinet. La simple prudence conseillait de ne pas exposer dans le plat pays de Beauce des troupes encore peu solides, à une action offensive contre des soldats aguerris.

Bientôt l'armée de la Loire s'augmenta

des troupes des XVII\ XVIII\ et XX\
corps ; le général d'Aurelle était nommé
commandant en chef des XV\ et XVI\ corps,
et le général Martin des Pallières commandant du XV\ corps. La décision qui plaçait
sous les ordres directs du ministre les trois
corps de nouvelle formation, devait entraîner dans les opérations des malentendus
et un décousu funestes.

Après la défaite de Coulmiers, Frédéric-Charles, arrivé de Metz à marches forcées,
s'était porté vers Pithiviers et Montargis ;
il ne tarda pas à y être rejoint par le
grand-duc de Mecklembourg-Schwerin,
appelé au commandement en chef des
troupes de von der Tann.

Le 20 novembre, M. de Freycinet écrivait au général d'Aurelle : « Nous ne pouvons demeurer éternellement à Orléans,
Paris a faim et nous attend. » Dès lors,
le plan de défense d'Orléans était remplacé par un projet d'attaque dirigée sur
Fontainebleau par Pithiviers.

D'après le nouveau projet, le XVIII⁰ corps Billot, et le XX⁰ corps Crouzat, placés à la droite de l'armée, furent engagés le 28 novembre à Beaune-la-Rolande contre trois corps de Frédéric-Charles, en vue de l'occupation de Pithiviers. L'attaque de Beaune échoua ; elle nous coûtait 3.000 hommes hors de combat. Les corps français rétrogradèrent sur Bellegarde.

Les dispositions prises par M. de Freycinet pour assurer l'exécution de son plan offensif eurent pour effet, en disséminant les corps d'armée, de laisser le XVI⁰ corps Chanzy s'engager, le 1ᵉʳ décembre, contre les troupes du grand-duc de Mecklembourg à Villepion, près de Patay, sans être soutenu. Néanmoins, la vigueur de l'attaque fit reculer l'ennemi. La nouvelle, arrivée le même jour, de la sortie du général Ducrot vers le sud de Paris, renforça le gouvernement de Tours dans sa résolution de poursuivre son mouvement en avant. Le lendemain, le XVI⁰ corps se heurtait de nouveau aux forces du grand-duc. Malgré l'appui des troupes du XVIIe corps et l'attaque tentée sur Loigny avec une poignée de braves par le général de Sonis, les efforts de Chanzy vinrent se briser contre la résistance des Allemands. Le même jour, deux divisions du XVe corps avaient tenu en échec, à Pourpry, une division prussienne. Les sanglantes journées des 1er et 2 décembre déterminèrent l'abandon du plan du délégué à la Guerre. Dans la soirée du 2, les XVIIe, XVIIIe et XXe corps furent remis à la disposition du général d'Aurelle...

Le 3, les troupes des XVe, XVIe et XVIIe corps, décimées par le feu, exténuées de fatigue et complètement démoralisées, se replièrent en avant d'Orléans ; le XVe corps eut encore à tenir tête aux corps de Frédéric-Charles, à Chilleurs, à Neuville-aux-Bois, à Chevilly et à Artenay. Dans la soirée, la retraite tourna à la déroute.

Le lendemain, le général d'Aurelle, définitivement éclairé sur le danger de pousser plus loin la résistance sous Orléans, annonçait au ministre qu'il évacuait ses positions. L'opération commença aussitôt. Le XVe corps se porta à Salbris, les XVIe et XVIIe sur Beaugency ; les XVIIIe et XXe remontèrent la rive droite de la Loire. L'ennemi fut rencontré à Boulay et à Patay. Les journées des 3 et 4 décembre avaient coûté à l'armée de la Loire 20.000 hommes, dont 18.000 prisonniers.

Le 6, le général d'Aurelle recevait à Salbris un télégramme de Tours lui annonçant la suppression du commandement en chef de l'armée de la Loire, et la formation de deux armées de la Loire : la première, composée des XVe, XVIIIe et XXe corps, sous les ordres de Bourbaki ; la deuxième des XVIe (vice-amiral Jauréguiberry) et XVIIe (général de Colomb) sous ceux de Chanzy.

La mesure qui atteignait le général

d'Aurelle faisait peser sur lui toute la responsabilité de la retraite, dont, en toute justice, la plus large part revenait au ministre. C'était oublier un peu vite les services qu'il avait rendus comme organisateur de l'armée de la Loire, et la glorieuse journée de Coulmiers, que la France entière avait saluée comme l'aurore de la délivrance.

Bientôt renforcée du XXIe corps (capitaine de vaisseau Jaurès) et de la division Camô, la deuxième armée de la Loire (120.000 hommes) prit position entre la Loire et le Loir, de Beaugency à la forêt de Marchenoir. Le but de Chanzy était de retarder le plus possible les progrès du prince Frédéric-Charles et du grand-duc de Mecklembourg vers le sud, en leur résistant pied à pied, sans trop s'éloigner de Paris, et d'attendre ainsi le moment où il pourrait donner la main à Bourbaki.

Après une série d'engagements entre le 7 et le 10 décembre (le plus important, celui de Villorceau, entraîna l'abandon de Beaugency), auxquels on a donné le nom de bataille des « lignes de Josnes », l'évacuation de Blois amena Chanzy à se rabattre sur le Loir. Cette retraite, réglée par de sages prescriptions, aboutit à la concentration de l'armée sur les deux rives du Loir et à un combat sur la rive gauche, en avant de Vendôme, le 15 décembre. La perte des hauteurs de Bel-Essort, clef de la position, détermina Chanzy à se replier sur le Mans. Cette retraite, effectuée entre le 16 et le 19, ajouta aux fatigues et aux souffrances de l'armée de la Loire.

Le mouvement rétrograde sur Vendôme et sur le Mans avait arrêté les progrès des Allemands au sud de la Loire. Dès le 16, la plus grande partie des troupes de Frédéric-Charles avaient été rappelées à Orléans, où elles se tenaient prêtes à marcher contre la première armée de la Loire quand elle s'éloignerait de Bourges. Grâce à ce déplacement de forces, la deuxième armée de la Loire s'était retirée sur le Mans sans être sérieusement inquiétée.

Depuis leur arrivée devant le Mans jusqu'à la fin de décembre, les troupes purent enfin jouir d'un repos relatif, dont Chanzy profita pour remédier à leur dénuement. Seules, quelques colonnes battirent l'estrade entre Sarthe et Loir pour maintenir le contact avec l'ennemi. La tactique de harcèlement de Chanzy pouvait faciliter ultérieurement un mouvement offensif par le sud de Paris.

Dans sa pensée, ce mouvement se rattachait à une marche combinée des deux armées de la Loire. Il jugeait, non sans raison, le moment propice pour l'exécuter. En effet, malgré l'importance de la réoccupation d'Orléans, l'état-major allemand était loin d'être rassuré sur la situation morale et matérielle des troupes de Frédéric-Charles. Chanzy avait le pressentiment de la crise que traversait alors l'armée allemande. Il s'ouvrit de ses vues à Gambetta, mais le ministre avait son projet à lui : il était toujours hanté de l'idée de faire converger sur la capitale toutes les armées de province ; déjà d'ailleurs, l'armée de Bourbaki avait reçu une destination qui lui imposait de se diriger vers l'est.

Tandis que Chanzy s'efforçait en vain de ramener Gambetta à ses combinaisons, Frédéric-Charles, se conformant à un ordre du roi, du 1er janvier 1871, d'empêcher la jonction des deux armées de la Loire, se préparait à marcher sur le Mans à la tête de quatre corps d'armée (95.000 hommes).

Du 6 au 9 janvier, les têtes de colonnes ennemies viennent se heurter à des divisions et à de petits corps de l'armée de la Loire poussés en avant entre Sarthe et Loir dans toutes les directions. Tantôt aveuglés par la neige, tantôt entravés par le verglas, les soldats avancent péniblement. Quatorze combats, livrés pendant cette période, ralentissent un peu la marche de l'ennemi.

La journée du 10 janvier est marquée principalement par les combats de Parigné et de Changé, au sud-est du Mans. Dans la soirée, l'armée occupe, sur les deux rives de l'Huisne, les positions dont Chanzy a préparé l'organisation défensive. Les instructions données pour le lendemain prévoient l'attaque de ces positions par les Allemands et prescrivent la défense « coûte que coûte, sans idée de retraite ». Le 11, le centre de la défense, sérieusement compromis par l'évacuation en désordre du plateau d'Auvours, est dégagé par une vigoureuse attaque du capitaine de frégate Gougeard, du XXIe corps. Malheureusement, l'abandon par les mobilisés de Bretagne de l'importante position de la Tuilerie, près du rond-point de Pontlieue, défie tout retour offensif. L'ennemi a pris pied dans les lignes françaises.

Jusque-là, Chanzy n'avait pas désespéré. Informé, pendant la nuit, du déplorable état moral et physique des troupes, il se résigne enfin à la retraite, d'accord avec les généraux.

Le 12 au matin, l'armée commençait à se replier sur la Mayenne. Le même jour, les Allemands entraient dans le Mans. Quelques colonnes ennemies tentèrent de retarder la retraite : Chanzy leur fit tête. Il aurait voulu se diriger sur Alençon pour reprendre plus facilement le chemin de Paris, mais le ministre s'y opposa. Le 17, l'armée s'établissait entre Laval et Mayenne. A elles seules, les trois journées de la bataille du Mans avaient réduit la deuxième armée de la Loire de 25.000 hommes, y compris un très grand nombre de prisonniers.

Lorsque fut conclu, le 28 janvier 1871, l'armistice qui préludait à la paix, Chanzy croyait encore possible la continuation de la lutte; du moins l'espérait-il. Six semaines d'épreuves terribles n'avaient pas abattu son énergie de chef. Jusqu'au bout, sa ferme volonté de vaincre, partagée par ses lieutenants, s'était manifestée dans tous ses actes; il restait sur la brèche, vibrant d'espoir, prêt à ressaisir, en face du vainqueur, son épée de commandement.

Pendant la campagne qui venait de prendre fin, il s'était révélé homme de guerre dans la plus haute acception de ce mot. Avec des soldats improvisés, jetés dans la mêlée du jour au lendemain sans avoir manié un fusil, et trop souvent sujets à des écarts d'indiscipline, il avait réussi à tenir n haleine, et, quelquefois, à mettre en échec des troupes solides et aguerries. L'offensive était dans son tempérament, mais les circonstances l'ayant réduit à accepter la défensive, il s'y était montré habile jusqu'à intimider ses adversaires par sa fière contenance, et, parfois jusqu'à déconcerter leurs combinaisons par sa tactique manœuvrière. Son ardeur pour l'action, prompte à s'exalter à mesure que se multipliaient les obstacles, ne nuisait ni à ses conceptions militaires, toujours judicieuses et prévoyantes, ni à son coup d'œil sur le champ de bataille.

En un mot, si la France avait pu être arrachée à l'étreinte de l'envahisseur, elle l'aurait été par le grand soldat placé à la tête de la deuxième armée de la Loire.

CHAPITRE IV

L'ARMÉE DU NORD

Onze jours après la capitulation de Metz, le général de Manteuffel se mettait en marche à la tête du 3ᵉ corps d'armée et d'une partie du 1ᵉʳ, avec ordre du grand état-major de se porter sur Rouen. Au moment d'arriver sur la ligne de l'Oise, divers renseignements lui firent croire à la concentration sur Amiens des troupes de Normandie commandées par le général Briant, et de celles que le général Bourbaki, commandant supérieur de la région du Nord, rassemblait autour de Lille. Après quelque hésitation, il se décida à marcher sur Amiens, sauf à reprendre plus tard la direction de Rouen.

Un instant, Bourbaki avait songé à combiner les opérations des troupes de la Basse-Seine avec celles de l'armée du Nord, mais l'organisation de la défense par région ne lui avait pas permis de mettre son dessein à exécution. Le 18 novembre, à la suite de dissentiments avec le commissaire supérieur de la défense dans le nord, dont il n'acceptait pas l'intervention dans ses projets, il avait été rappelé à Tours pour prendre ultérieurement la direction des opérations dans l'est, et remplacé, à titre provisoire, dans le commandement de l'armée du Nord, par le général Farre, son chef d'état-major.

L'occupation par les Allemands, le 25, de la ligne Roye-Montdidier, révélait leur intention d'attaquer Amiens par le sud-est. Le 27, quand s'engagea la bataille, le général de Manteuffel disposait des 1er et 8e corps, soit environ 40.000 hommes de vieilles troupes éprouvées, et de 174 canons. Le général Farre ne pouvait lui opposer que 22.000 hommes, médiocre amalgame de jeunes recrues et de vieux débris inconnus à leurs officiers, et 54 canons.

Au lieu de concentrer ses forces sur la rive droite de la Somme, sur le plateau de Camou à Daours, le général Farre les dissémina en un arc de cercle de plus de 20 kilomètres, embrassant les deux rives, sur les abords immédiats de la ville, au sud et à l'est.

Ces dispositions amenèrent le 1er corps Bentheim et le 8e de Gœben à opérer isolément, le premier à droite, entre Avre et Somme, contre la brigade du Bessol, le second à gauche entre Avre et Selle, contre les brigades Lecointe et Derroja et le corps de mobiles du général Paulze d'Ivoy. A la fin de la journée, les deux principaux nœuds de la défense, à Boves et à Villers-Bretonneux, tombaient aux mains de l'ennemi. Le lendemain, l'armée française, sans être poursuivie, se précipitait dans une affreuse confusion sur les routes d'Arras et de Doullens, et Manteuffel entrait à Amiens. Ces soldats, qu'une aveugle terreur emportait en une fuite éperdue, s'étaient cependant vaillamment battus. Quelle ne fut pas la surprise des Prussiens quand les livrets trouvés sur les morts du champ de bataille leur apprirent qu'ils avaient eu en face d'eux des conscrits de quelques semaines affrontant le feu pour la première fois !

Les Allemands avaient, comme les Français, environ 1.300 hommes hors de combat. La perte d'Amiens et de sa citadelle interrompait les communications directes de Rouen avec les places du Nord, et dégageait pour l'ennemi la ligne ferrée d'Amiens à Paris. La capitulation de la Fère, survenue le jour de la bataille d'Amiens, rendit libre la voie ferrée de Reims à Paris par Tergnier et Creil.

Rassuré sur l'éventualité d'une attaque ayant pour objectif les troupes d'investissement en position au nord de Paris, Manteuffel laissa à Amiens un fort détachement mixte, et se dirigea avec 40.000 hommes sur la Basse-Seine, où le général Briant, en marche sur Gisors, venait de surprendre la garnison d'Etrépagny, et commençait à menacer les derrières des troupes du blocus de Paris à l'ouest. Sans perdre un instant, il se porta sur Buchy, où s'étaient concentrés les 22.000 hommes du corps français. L'action, engagée le 4 décembre, tourna à la défaite de Briant qui se retira sur le Havre. Le lendemain, les Allemands entraient à Rouen.

Dès le 3, le général Faidherbe, accouru d'Algérie, où il commandait la division de Constantine, avait reçu le commandement de l'armée du Nord. Grâce à sa vigoureuse impulsion, les forces françaises, promptement réorganisées, s'élevèrent à 31.000 hommes en trois divisions avec

60 canons. Le 10, le général Lecointe reprenait Ham par surprise. Trois jours après, Faidherbe se montrait devant la Fère. Le grand état-major allemand, déconcerté par cette pointe hardie qui semblait menacer ses communications vers l'est, ordonna à Manteuffel de concentrer le gros de ses forces à Beauvais, d'où il pourrait secourir Rouen ou se porter sur Amiens, et, en même temps, couvrir le siège de Paris.

De la Fère, Faidherbe, rebroussant chemin brusquement, se dirigea du côté d'Amiens, afin d'y attirer l'ennemi et de l'obliger à réduire sa zone d'occupation. Il s'était établi sur les coteaux de la rive gauche de l'Hallue, au nord-est d'Amiens, quand Manteuffel l'y attaqua le 23 décembre. L'armée française, augmentée d'une division de mobilisés, s'élevait alors à 48.000 hommes, en deux corps d'armée, XXIIe et XXIIIe, commandés par les généraux Lecointe et Paulze d'Ivoy.

La lutte fut opiniâtre, surtout autour des villages de Daours et de Pont-Noyelles. Les Allemands, dans des assauts furieux, tentèrent vainement de s'emparer des fortes positions françaises. Les deux armées couchèrent sur le champ de bataille. Le lendemain, Faidherbe, prévenu que l'ennemi recevait des renforts, et ne croyant pas pouvoir demander à ses troupes un nouvel effort, se repliait prudemment derrière la Scarpe entre Douai et Arras.

Tout en constatant que la bataille de l'Hallue (ou de Pont-Noyelles) leur assurait définitivement la possession d'Amiens, les Allemands n'osèrent pas s'attribuer la victoire. Ils comprirent que l'armée du Nord avait désormais à sa tête un véritable chef.

Quelques jours après, Manteuffel faisait investir Péronne. De son côté, Faidherbe s'éloignait de la Scarpe le 1er janvier 1871, et se dirigeait vers le sud pour débloquer cette place. Pour la première fois, il prenait l'offensive. A la suite des engagements d'Achiet et de Sapignies, il se trouva aux prises, le 3 janvier, au nord de Bapaume, avec le 8e corps de Gœben, chargé de couvrir le siège de Péronne.

L'attaque, très bien conduite, refoula l'ennemi jusque dans le faubourg nord de Bapaume. Pour éviter le bombardement de la ville, Faidherbe tenta d'en déterminer l'évacuation par un mouvement tournant au sud-ouest. Ce résultat fut atteint pendant la nuit, quand les Allemands se persuadèrent qu'ils étaient battus et que leur salut était dans la retraite. Il est vrai que le lendemain les troupes françaises se retiraient des positions qu'elles avaient conquises aux abords de Bapaume, mais Faidherbe, en ordonnant ce mouvement rétrograde, ne faisait que se conformer à la tactique qu'il s'était imposée d'assurer à ses soldats, après l'action, loin des atteintes de l'ennemi, un repos nécessaire.

Six jours après la bataille de Bapaume, la place de Péronne capitulait. En prolongeant sa résistance sans se laisser intimider par l'horreur d'un sauvage bombardement, elle avait entravé les opérations de Manteuffel, et secondé ainsi l'œuvre de la défense nationale, que la force des choses amenait à avoir pour principal but de retenir loin de Paris le plus grand nombre possible de soldats allemands.

La perte de la petite forteresse picarde rendait désormais très difficile toute manœuvre au sud de la Somme en vue d'une diversion propre à faciliter le débloquement de la capitale. Faidherbe eut un instant de perplexité. S'il tentait de franchir la Somme à Abbeville, il serait attaqué en force sur son flanc gauche par les troupes occupant Amiens. S'il marchait sur Amiens ou sur un autre point situé en amont jusqu'à Péronne, il attirerait immédiatement sur lui toutes les forces échelonnées entre ces deux villes. Là-dessus, ayant reçu l'avis que l'armée de Paris se préparait à rompre le blocus, il résolut de se porter sur Saint-Quentin, par où il menacerait la ligne de l'Oise Noyon-Compiègne.

Le 10 janvier, l'armée du Nord avait quitté les environs d'Arras pour s'établir entre Bapaume et Albert. Elle se mit en marche le 16 pour Saint-Quentin. Ce mouvement exigeait, pour réussir, le secret et une grande célérité, car on allait côtoyer les troupes allemandes échelonnées d'Amiens à Péronne; malheureusement, il fut retardé par le verglas et révélé à l'ennemi par diverses circonstances.

Depuis le 7, le général de Gœben avait remplacé, à la tête des 1er et 8e corps, le général de Manteuffel, appelé au commandement de l'armée du Sud, opposée à l'armée de l'Est commandée par Bourbaki. Le 17, il ordonna la concentration de l'armée entre Péronne et Ham. Une partie de ses troupes devait marcher immédiatement après sur Saint-Quentin, une autre s'arrêter à Ham, la troisième se porter à Jussy et Vendeuil, au sud de Saint-Quentin. La première conséquence de ces ordres fut la rencontre des avant-gardes allemandes et des troupes françaises à Vermand et à Beauvois.

Les ordres donnés par Gœben pour le lendemain se résumaient dans cette simple prescription : attaquer l'ennemi de front et le tourner par ses ailes. C'était la tactique déjà adoptée à Bapaume, et qui avait réussi à Frédéric-Charles à Orléans et devant le Mans.

Le 19, l'armée allemande, forte de 33.000 hommes, dont 5.600 cavaliers, avec 161 canons, convergeait sur Saint-Quentin; elle devait recevoir des renforts par voie ferrée au cours de la bataille. L'armée française comptait 27.600 hommes, dont 600 cavaliers, avec 99 canons. Le XXIIIe corps Paulze d'Ivoy s'établit en toute hâte à l'est et au sud de la ville, entre la route de Cambrai et le canal Crozat; le XXIIe corps Lecointe se plaça au sud entre le canal et la route de la Fère.

La lutte s'engagea vers 10 heures du matin. Tandis que le corps du général de Grœben, suivant la route de Cambrai, cherchait à déborder la droite de l'armée française, et que la division Kummer en attaquait le centre par les routes d'Etreillers et de Vermand, la division Barnekow s'avançait par la route de Chauny et la voie ferrée vers le centre du XXIIe corps, et une autre division tentait d'en tourner la gauche par la route de la Fère; enfin, une réserve se tenait sur la route de Ham, derrière la division Kummer.

Après avoir résisté pendant sept heures avec la plus grande énergie aux progrès de l'ennemi, les divisions Derroja et du Bessol, du XXIIe corps, reculent, écrasées par le nombre. Vers 4 heures, le général Lecointe réussit à ramener ses troupes dans le faubourg d'Isle, au sud-est de la ville, sous la protection de l'artillerie, afin de gagner la ligne de retraite indiquée par les routes de Cambrai et du Cateau. Le XXIIIe corps n'entre sérieusement en action que vers la fin de la journée; la lutte, particulièrement vive vers Dallon, Savy et Francilly, se prolonge, opiniâtre, désespérée, jusqu'à la nuit. Faidherbe n'ordonne la retraite qu'à la dernière extrémité.

Les critiques militaires reconnaissent généralement que, le 19, Faidherbe n'était pas obligé de combattre pour attirer l'ennemi sur lui, c'est-à-dire pour favoriser la sortie de Paris, et, par conséquent, qu'il eût été prudent de battre en retraite dès le matin. En tout cas, il pouvait prévoir que la retraite serait extrêmement difficile, après un combat à outrance.

L'armée du Nord perdait 3.384 hommes hors de combat, plus de 11.000 prisonniers ou disparus, et 6 canons. Les Allemands comptaient 2.360 hommes tués, blessés ou disparus.

Le général de Gœben, après s'être promis la victoire avec une assurance touchant de près au dédain de ses adversaires, avait complètement échoué dans son projet d'enveloppement de l'armée du Nord. La poursuite « sans trêve ni merci », prescrite dans son ordre de la veille et dont il attendait des résultats décisifs, avait ridiculement avorté. Lorsqu'un détachement des troupes employées à cette opération se présenta, le 22 janvier, aux portes de Cambrai, et somma — inutilement d'ailleurs — la place de se rendre, l'armée du Nord était depuis deux jours hors d'atteinte, et, six jours après, quand fut signé l'armistice suspendant les hostilités, Faidherbe avait déjà fixé la date du 1er février pour reprendre l'offensive à la tête de 40.000 hommes.

Bien que certains actes du général Faidherbe comme commandant en chef prêtent à la critique aux points de vue stratégique et tactique, on peut dire que, dans l'ensemble, il a rempli la mission qui lui a été confiée par le gouvernement de la Défense nationale. En un mot, l'armée du Nord n'a pas sauvé et ne pouvait sauver Paris, mais elle a réellement attiré à elle d'importantes forces ennemies dont l'utilisation aurait aggravé les effets de l'investissement de la capitale et facilité à l'envahisseur les moyens d'étendre ses conquêtes.

En deux mois, cette armée avait livré trois batailles : la première était restée indécise ; la seconde avait été une victoire sans lendemain ; la troisième était une défaite qui avait failli consommer sa ruine, mais que le vainqueur avait chèrement payée. A tous les engagements de la campagne avaient pris part, entre autres, les généraux Lecointe, Derroja et du Bessol, hommes de devoir par excellence et soldats de forte trempe.

Pour juger, comme il le mérite, l'effort

par lequel le général Faidherbe réussit, non seulement à ne pas se laisser entamer sérieusement par un adversaire redoutable, mais encore à lui porter des coups imprévus et dangereux, il importe de tenir compte des conditions d'inégalité de la lutte. Manteuffel et Gœben ont engagé des effectifs souvent plus élevés que ceux de Faidherbe; leur artillerie, supérieure en nombre et en qualité, était aussi plus homogène; un tiers à peine des troupes françaises pouvait servir de têtes de colonne; quelques escadrons seulement représentaient la cavalerie; la plupart des officiers étaient novices, et ceux d'état-major faisaient complètement défaut.

Grâce à son énergie, que les souffrances causées par son état de santé ne parvenaient pas à abattre, grâce également à son talent d'organisateur, Faidherbe avait surmonté, autant que possible, les difficultés de cette situation. Ménager des forces du soldat, habile à stimuler sa bonne volonté et son courage, il avait su gagner sa confiance et le maintenir dans la discipline. Sans avoir le brillant entrain de Chanzy, il s'était montré homme d'action, résolu et maître de lui-même. Après s'être placé au premier rang des hardis pionniers de la colonisation africaine, il venait de soutenir avec honneur, dans une lutte désespérée, le renom militaire de la France. « La gloire de l'armée du Nord, a-t-il écrit lui-même, c'est d'avoir montré que le Français n'a pas dégénéré comme soldat ».

CHAPITRE V

L'ARMÉE DE L'EST

Après la prise d'Amiens par le général de Manteuffel, et l'évacuation d'Orléans par le général d'Aurelle, Gambetta résolut de reprendre l'offensive, mais sans savoir au juste sur quel point il la ferait porter. Cependant, il fallait se hâter, car la résistance de Paris pouvait ne pas se prolonger longtemps.

Sur la Loire, les fatigues auxquelles venaient d'être soumises les troupes de Chanzy imposaient la défensive. Dans le Nord, l'armée de Faidherbe était en voie de réorganisation. A Paris, le général Trochu avait des raisons de retarder la sortie projetée dans la direction d'Amiens.

Seule, la première armée de la Loire, rassemblée à Bourges, sous les ordres de Bourbaki, et composée des XVe corps (général Martineau des Chenez), XVIIIe (général Billot) et XXe (général Clinchant), semblait pouvoir répondre aux vues de Gambetta.

Bourbaki proposait de marcher par Montargis sur Fontainebleau, tandis que d'autres forces opéreraient par Dijon, du côté de Belfort. Le ministre ayant renoncé, pour le moment, sur l'avis de M. de Freycinet, à une tentative sur Paris, le plan de Bourbaki fut écarté. On décida d'employer la première armée de la Loire, renforcée du XXIVe corps (général Bressolles), et de la division Cremer, à débloquer Belfort, à reprendre l'Alsace et à couper les communications des Allemands sur leurs derrières.

La première armée de la Loire, devenue ainsi *l'armée de l'Est*, comptait

125.000 hommes. Les troupes régulières s'y trouvaient en faible proportion. Les soldats, mal vêtus et mal chaussés, donnaient l'impression d'une agglomération hâtive de forces incohérentes.

De la fin de septembre au milieu de décembre, les troupes destinées à la défense de la région de l'Est avaient été placées sous les ordres des généraux Cambriels, Crouzat, Garibaldi et Cremer, opposés au général de Werder, commandant le 14ᵉ corps, formé de la division badoise et d'autres troupes provenant du siège de Strasbourg.

Le corps d'armée des Vosges, organisé par le général Cambriels, se composait, vers le milieu d'octobre, de trois divisions, dont une de mobilisés, en tout 25.000 hommes. Dès le 4, ces troupes étaient entrées à Épinal. Le 6, le général Dupré, porté vers Raon-l'Étape, était battu à la Bourgonce. A la suite du combat de Bruyères, Cambriels, sous la menace d'être débordé à Épinal, dut évacuer cette ville et rétrograder sur Besançon. Ayant continué sa retraite après les combats livrés le 22 sur l'Ognon, il alla occuper de fortes positions vers Châtillon-le-Duc. Tandis qu'une grave blessure l'obligeait à quitter son commandement dans lequel il fut remplacé par le général Crouzat, les Badois s'emparèrent de Dijon.

Le corps d'armée des Vosges ne tarda pas à être reconstitué pour former le XXe corps, que la Délégation de Tours se proposait d'appeler sur la Loire. Dès lors, la défense de la région de l'Est reposait sur un corps d'environ 18.000 hommes commandé par Garibaldi, et sur une division d'infanterie sous les ordres de Cremer. Les bandes garibaldiennes, composées d'éléments hétérogènes, se firent remarquer à Dôle, puis à Autun, par leur indiscipline.

Un premier succès remporté par Garibaldi à Pasques sur une des brigades badoises, à la fin de novembre, fut suivi d'un échec devant Dijon. Le 1er décembre, l'autre brigade badoise essuya une défaite sous Autun. En se tenant longtemps immobile dans cette ville sans tenter de seconder Cremer, Garibaldi laissa seul ce dernier aux prises à Nuits, le 18 décembre, avec les Badois, et l'empêcha de tirer parti d'un commencement de victoire.

Les opérations dans l'est ne prirent une forme précise que lorsque l'armée de l'Est entra en ligne. Le 20 décembre, Bourbaki se mettait en marche dans la direction de Dijon. La concentration entre Beaune et Besançon ne fut achevée que le 29. A ces retards s'en joignirent d'autres dans le transport des troupes et d'autres encore, si bien que les Allemands purent se rendre compte de bonne heure du but de l'opération projetée. Ils rassemblèrent promptement les forces à opposer à celles de Bourbaki. Le corps Werder, ayant évacué Dijon, prit position aux environs de Vesoul ; il devait être bientôt rejoint par le 2ᵉ corps de Fransecky, et le 7ᵉ de Zastrow, et former avec eux la deuxième armée ou *armée du Sud*.

Le 8 janvier 1871, l'armée de l'Est était échelonnée sur l'Ognon, à hauteur de Montbozon et de Rougemont, au sud de Villersexel. Bourbaki espérait atteindre Belfort en se glissant entre la place et l'aile gauche des Allemands. Werder, pressentant les intentions de son adversaire, recula vers l'est, dans la direction de la Lisaine, pour couvrir Belfort ; dès qu'il connut l'occupation de Villersexel par les troupes françaises, il donna des ordres pour l'attaque de leur flanc gauche.

Le combat, livré le 9 janvier à Villersexel, eut pour théâtre principal la ville avec le parc et le château voisins. La lutte fut acharnée, meurtrière, et se prolongea pendant la nuit. A 3 heures du matin, les Allemands évacuaient Villersexel. Werder avait engagé 15.000 hommes ; bien qu'ayant cédé le terrain, ce qui équivalait à un aveu de défaite tactique, il n'avait pas été coupé de Belfort, et aurait pu se porter au-devant des 2ᵉ et 7ᵉ corps pour se joindre à eux et livrer de nouveau bataille, mais c'était renoncer au siège d'une place dont les Allemands comptaient déjà associer le sort à celui de l'Alsace.

Quant à Bourbaki, sa supériorité numérique lui aurait permis de renouveler son attaque contre Werder, de manière à le séparer à la fois de Belfort et des deux corps de secours; malheureusement, des difficultés de ravitaillement le forcèrent à attendre jusqu'au 11 pour se remettre en marche. Werder se hâta de profiter de cette inaction pour se dérober par une marche de flanc qui l'amena sur la Lisaine, ligne de défense organisée d'avance par le général de Tresckow, commandant les troupes du blocus de Belfort.

Cinquante mille Allemands étaient en

position, le 14, entre Montbéliard et Chênebier, sur la rive gauche de la Lisaine. Héricourt, avec le mont Vaudois, constituait le nœud central de résistance ; un certain nombre de villages avaient reçu une organisation défensive; des pièces de gros calibre couronnaient quelques hauteurs.

Trois jours durant (15-17 janvier), Bourbaki lança ses colonnes à l'assaut de cette formidable ligne fortifiée. Le premier jour, une partie de Montbéliard fut occupée par le XVe corps. Le second jour, les divisions Cremer et Penhoat s'emparèrent de Chênebier. A la fin de la troisième journée, toutes les attaques ayant échoué, Bourbaki, le désespoir dans l'âme, donna l'ordre de la retraite.

Les Allemands, en occupant Frahier, sur la route de Lure à Belfort, avaient empêché le mouvement tournant que Bourbaki devait exécuter sur leur droite. C'est sur ce village qu'aurait dû porter, dès la première heure, son principal effort ; aux mains de l'armée de l'Est, il serait devenu pour Werder ce que Saint-Privat avait été pour l'armée de Metz.

La bataille d'Héricourt coûta 2.150 hommes hors de combat au corps Werder, et 4.000 à l'armée de l'Est. En définitive, les Allemands, pris au dépourvu, avaient été bien près de succomber. Au cours même de l'action, le général de Tresckow, inquiet sur son issue, avait fait partir les bagages du corps de siège. Werder ne restait maître de la situation que grâce au misérable état physique et moral des soldats de Bourbaki. Belfort, le premier objectif de l'armée de l'Est, n'avait pas été atteint.

Tandis que Bourbaki se retirait dans la direction de Besançon, Manteuffel, qui avait reçu l'ordre, quelques jours auparavant, de rejoindre Werder et de prendre l'offensive contre l'armée de l'Est, était à la veille d'atteindre la Saône. En apprenant, le 18, le résultat de la bataille d'Héricourt, il fit connaître à Werder sa résolution de se porter sur le flanc de l'armée française en retraite, de lui barrer le passage de la Saône et de la rejeter dans le Jura.

L'armée de l'Est arriva à Besançon le 22 dans un affreux désordre, et s'établit aux abords de la ville. Quand le manque de vivres la força à s'en éloigner le 26, dans la direction du sud, toutes les voies de communication se fermaient autour d'elle. Dès le 24, Bourbaki avait répondu au ministre qui insistait pour le décider à s'ouvrir un passage du côté de Nevers ou d'Auxerre, que son avis était de prendre la route de Pontarlier.

Dans la soirée du 26, l'armée apprit avec stupeur que Bourbaki s'était tiré un coup de pistolet à la tête. Heureusement, il n'était que blessé. Déjà, le gouvernement lui avait donné un successeur, le général Clinchant, dans le commandement de l'armée de l'Est; la dépêche annonçant ce changement se croisa avec celle qui faisait connaître à la Délégation le tragique événement.

Bourbaki était allé, jusqu'à un certain point, au-devant de la décision du ministre, en déclarant que la tâche de commandant en chef était au-dessus de ses forces. Depuis quelques jours, il se montrait profondément attristé par le spectacle de son armée réduite à un lamentable état par la faim, les fatigues et les rigueurs d'un hiver implacable, et qui menaçait d'échapper complètement à l'action de ses chefs. En présence des dépêches du délégué à la Guerre, tendant à le rendre responsable d'une catastrophe imminente, le désespoir était entré jusqu'au fond de son cœur de soldat étreint par de patriotiques angoisses.

Comme Bourbaki, Clinchant croyait que la retraite sur Pontarlier était le seul moyen de salut. Le mouvement, commencé le 26, se poursuivit le 27 avec Ornans et Pontarlier pour objectifs. Les Allemands, avançant par l'ouest et le sud, resserraient d'heure en heure le cercle dans lequel ils cherchaient à enfermer l'armée française : telle une nuée de corbeaux s'acharnant sur leur proie. Le 28, Clinchant dirigeait une petite fraction de l'armée sur Saint-Laurent, dans la direction de Lyon. Le 29, l'ennemi livrait les combats de Sombacourt et de Chaffois pour retarder la retraite. Dans la soirée du même jour, les deux armées apprenaient qu'un armistice de vingt et un jours avait été signé la veille à Versailles.

Le 30 au matin, Clinchant fut informé que l'armistice ne s'étendait pas à l'armée de l'Est et à Belfort. Les pourparlers qu'il engagea alors avec Manteuffel, afin d'obtenir directement un armistice séparé, aboutirent à un refus, et donnèrent aux Allemands le temps de fermer complètement à l'armée française les routes de retraite du sud.

C'est, en premier lieu, à la duplicité de M. de Bismarck qu'il faut imputer les exceptions iniques introduites dans l'armistice du 28 janvier. Celle qui plaçait l'armée de l'Est en dehors des stipulations de cette convention était particulièrement odieuse ; en alléguant, pour la justifier, l'impossibilité d'établir une ligne de démarcation entre les armées opposées, faute de renseignements suffisants sur leurs positions respectives, les Allemands ne faisaient pas preuve de bonne foi. Quant au négociateur français, M. Jules Favre, s'il ne pouvait discuter la convention avec M. de Bismarck dans des détails qu'il ignorait, si même il était obligé de la subir dans ceux qu'il connaissait, du moins devait-il en envisager les suites et faire part des observations qu'elle lui suggérait à la Délégation de Bordeaux en la lui notifiant. Le reproche de crédulité qu'il s'est adressé à lui-même n'est pas suffisant pour le laver de celui d'imprudence et de légèreté. Une part de responsabilité presque aussi grande incombe au gouvernement de Paris qui a été associé aux négociations.

Lorsque les hostilités reprirent le 31, l'ennemi occupait en force, dans toutes les directions, les points importants des routes sur lesquelles les troupes françaises auraient pu s'engager pour se soustraire à sa poursuite. Le général Clinchant prit alors le seul parti qui lui restait pour éviter une capitulation en rase campagne : il négocia, le 1er février, avec le général Herzog, commandant en chef l'armée de la Confédération helvétique, le passage de son armée sur le territoire suisse par les routes de Verrières, des Fourgs et des Hôpitaux.

Quand, le 20 décembre 1870, Bourbaki s'était dirigé vers l'est, son armée comptait 125.000 hommes. Le 1er février 1871, Clinchant passait en Suisse avec 93.000 hommes, y compris 2.467 officiers. On peut évaluer à 5.000 le nombre d'hommes qui échappèrent à l'ennemi le 28 en se dirigeant sur Gex. En deux mois, l'armée de l'Est avait donc perdu environ 27.000 hommes, y compris de nombreux prisonniers.

Manteuffel n'avait que trop bien compris le parti à tirer de la faiblesse organique de l'armée de l'Est; dans sa marche audacieuse, il avait prévu et adroitement tourné les obstacles de nature à la retarder. Secondé, à la dernière heure, dans son habile manœuvre enveloppante, par un coup d'astuce et d'inhumanité bien digne de l'auteur de la fausse dépêche d'Ems, il avait paralysé son adversaire et consommé sa ruine.

En débloquant Belfort, l'armée de l'Est n'aurait interrompu qu'une ligne de communication secondaire de l'ennemi, celle de Belfort-Chaumont-Troyes, et n'en serait pas moins entrée en lutte, à quelques jours de là, avec l'armée de Manteuffel. Pour obtenir des résultats sérieux, vraiment profitables à la défense nationale telle qu'elle était organisée, il aurait fallu combiner de bonne heure une attaque sur un point faible de la ligne principale de communication des Allemands, c'est-à-dire de celle de Strasbourg-Nancy-Paris ; c'est ce dont le gouvernement put se rendre compte, — trop tard, il est vrai, — lors de la destruction, à la fin de janvier, par une poignée d'hommes déterminés, du pont de Fontenoy-sur-Moselle, entre Toul et Nancy.

En dehors de la faute stratégique qui amena Bourbaki sur un théâtre d'opérations excentrique, la perte de l'armée de l'Est est due à diverses causes qui engagent plus ou moins la responsabilité de la Délégation de Bordeaux. Telles sont, entre autres, la préparation incomplète des transports de troupes par voie ferrée dans la vallée de la Saône, et les difficultés de ravitaillement résultant de l'inexécution de la promesse faite à Bourbaki au début de la campagne, que d'importants approvisionnements seraient réunis à Besançon. Le froid, extrêmement vif, le verglas et la neige avaient ajouté à ces difficultés et contribué à ralentir les marches.

En harcelant Bourbaki de reproches sur la lenteur de ses mouvements, M. de Freycinet semble n'avoir pas tenu compte suffisamment de cette situation. Un peu trop confiant, peut-être, dans ses combinaisons stratégiques personnelles, il n'avait pas toujours su — ses dépêches en font foi — ménager la susceptibilité du commandant en chef dans les jugements portés sur les opérations. Après la guerre, lorsque Bourbaki fut appelé à déposer devant la commission d'enquête sur le gouvernement de la Défense nationale, il fit allusion à l'appréciation « injuste » dont ses constants efforts avaient été l'objet de la part de M. de Freycinet, et ne dissimula pas qu'elle avait « contribué à l'accident qui était arrivé ».

Le jour même où l'armée s'était dirigée vers l'est, la Délégation de Bordeaux avait pris l'engagement, vis-à-vis de Bourbaki, de faire protéger le flanc gauche de ses troupes pendant la marche sur Belfort. Elle fut bien mal inspirée, pour ne pas dire plus, en confiant cette mission au général Garibaldi qui, un mois auparavant, avait laissé le général Cremer seul aux prises, à Nuits, avec les Badois de Werder, sans le soutenir. Garibaldi ne se décida à sortir de Dijon, qu'il occupait avec une vingtaine de mille hommes, que lorsque Manteuffel se préparait à franchir la Saône; encore ne fut-ce que pour se porter à quelques kilomètres de la ville et pour y rentrer aussitôt au chant de *la Marseillaise*. Après avoir été ensuite immobilisé devant Dijon par un petit corps formant rideau que Manteuffel y avait posté, il retomba dans l'inaction. Tel est l'homme que le ministre et son délégué traitaient avec les plus grands ménagements. Loin d'avoir assuré le salut de l'armée de l'Est, il n'avait fait que le compromettre.

Enfin, l'organisation et la composition de l'armée de l'Est, encore plus défectueuses que celles des armées de la Loire et du Nord, avaient influé d'une manière désastreuse sur les opérations. Bourbaki s'était efforcé de lutter contre la désagrégation des troupes. Cette tâche ingrate, dans laquelle il fut secondé par des commandants de corps d'un inlassable dévouement, le mit, pour son supplice, en présence des pires souffrances de ses soldats; elle exigea de sa part autant de prévoyance que d'énergie; mais, en l'absorbant parfois jusqu'à le paralyser dans ses moyens d'action sur le champ de bataille, elle ne lui permit pas de trouver, pour ses qualités militaires, l'emploi qui leur convenait. Il n'en montra pas moins, dans la lutte désespérée pour vaincre, la bouillante ardeur à laquelle il devait son renom d'éclatante bravoure. Pour l'histoire impartiale, il restera le vainqueur de Villersexel : c'est assez pour rendre moins attristants les souvenirs qu'évoque le sombre dénouement de la campagne de l'Est.

CHAPITRE VI

LE SIÈGE DE PARIS

I

Paris a été l'objectif de la plupart des plans d'invasion conçus depuis 1815 par les stratégistes allemands, y compris celui qui a été élaboré en 1868-69 par le général de Moltke et appliqué en 1870. Les armées allemandes ne marchèrent directement sur la capitale qu'après leurs victoires sous Metz; on se rappelle qu'elles abandonnèrent momentanément leur objectif pour se porter au-devant de l'armée de Châlons.

Avant la chute de l'Empire, la défense de Paris préoccupait déjà les esprits et provoquait des mesures de la part du gouvernement. En vingt-quatre jours, le ministère Palikao poussa activement, en vue d'un siège, la colossale entreprise de la réunion des approvisionnements ; un comité de défense présida aux travaux de réfection des forts et à la construction d'ouvrages de campagne.

La défense de la capitale, ainsi préparée, aurait eu toute sa valeur si on lui avait donné pour complément une force active sérieuse capable de s'opposer à un investissement complet. Cette force existait : c'était l'armée de Châlons ; mais, hanté par la crainte d'une révolution dans Paris, le comte de Palikao, loin d'y rappeler le maréchal de Mac-Mahon, le pressait de s'en éloigner et de se porter au secours de Bazaine.

A son tour, le gouvernement du 4 septembre se mit à l'œuvre. Au milieu du mois, l'organisation du camp retranché était aussi satisfaisante que possible. Cependant, on commit alors la double faute d'immobiliser dans Paris, pour sa défense, des forces qui auraient dû tenir campagne, et d'y maintenir le siège du gouvernement contre l'avis de Gambetta qui voulait que le général Trochu y restât seul pour diriger les opérations. La présence du gouvernement communiqua à la défense un caractère de passivité prononcé, lia le sort de la France à celui de Paris, et imposa pour unique but aux armées de province la délivrance de la capitale.

Bientôt, un immense matériel fut rassemblé. Paris possédait, au début du siège, 2.627 pièces de siège et de place; ce nombre fut porté à 3.555. Le XIIIe corps (général Vinoy) échappé à la poursuite des Allemands après Sedan, et le XIVe corps (général Renault) formé à Paris, n'eurent d'abord que 7 batteries de campagne; ils arrivèrent progressivement à en posséder 93. On disposait de 740.000 fusils dont 200.000 chassepots.

Les troupes régulières, composées d'éléments disparates, s'élevaient à environ 60.000 hommes, dont 45.000 pour les XIIIe et XIVe corps, et 14.000 à 15.000 matelots, canonniers et fantassins de marine; on ne comptait que deux régiments d'infanterie d'ancienne formation, les 35e et 42e. Les autres forces étaient encore moins homogènes et, d'ailleurs, d'un emploi difficile, quelquefois dangereux; elles comprenaient : 10.000 hommes appartenant à soixante corps francs, 110.000 hommes de garde mobile des départements et de Paris, et 260 bataillons de garde nationale, foule armée contenant quelques bons éléments bien commandés, mais où 1.800 officiers avaient des antécédents judiciaires, et 25.000 hommes étaient des repris de justice. Toutes ces troupes étaient sous les ordres du général Trochu, gouverneur militaire de Paris, et, en même temps, président du gouvernement.

Au début des opérations, le XIIIe corps était placé au sud de Paris (moins la division d'Exéa à Vincennes), s'appuyant sur les forts d'Issy, de Vanves, de Montrouge, d'Ivry et de Bicêtre; le XIVe corps occupait la ligne de Saint-Ouen à Billancourt, avec avant-postes d'Asnières à Suresnes. Au nord, le général Carrey de Bellemare s'établit à Saint-Denis et exerça le commandement des forts de Saint-Denis, de l'Est, d'Aubervilliers, et des batteries de Saint-Ouen. Les contre-amiraux Saisset et Pothuau se partageaient, sous la direction supérieure du vice-amiral La Roncière Le Noury, la défense des autres forts occupés par des marins. Enfin, l'enceinte était organisée, pour la défense, en 9 secteurs commandés par des généraux.

Le 4 septembre, les Allemands se mettaient en marche vers Paris : l'armée de la Meuse (4e et 12e corps, garde, deux divisions de cavalerie), avec le prince royal de

Saxe, par les vallées de l'Aisne et de l'Oise ; la 3ᵉ armée (5ᵉ et 6ᵉ corps, 2ᵉ corps bavarois, division wurtembergeoise, 21ᵉ division et deux divisions de cavalerie), avec le prince royal de Prusse, par la vallée de la Marne.

Le 17, les deux armées allemandes étaient devant Paris. Le lendemain, les pourparlers engagés par M. Jules Favre avec M. de Bismarck, au château de Ferrières, en vue d'un accommodement pacifique, révélèrent, de la part du gouvernement prussien, des exigences qui fermèrent la voie à la conclusion d'un armistice. Le 20, l'armée de la Meuse prenait position à l'est et au nord de Paris, entre la Marne et la Seine, et la 3ᵉ armée s'établissait au sud, sur la rive gauche de la Seine. Les forces allemandes s'élevaient à 147.000 hommes avec 622 canons (181.000 hommes avec 692 canons à la fin d'octobre). Elles occupaient une ligne de 100 kilomètres qui ne tarda pas à être protégée par des tranchées-abris, des barricades, des blockhaus, des batteries de position, des réseaux de fils de fer, des abatis, des villages organisés défensivement. Sur certains points, la ceinture des défenses était doublée et triplée.

Le 16 septembre, le général Ducrot, arrivé de la veille à Paris après s'être échappé des mains des Allemands à Sedan, était appelé au commandement des XIIIe et XIVe corps. Toujours plein d'ardeur, et sachant s'inspirer des leçons de la guerre, il demanda aussitôt au gouverneur d'attaquer l'ennemi en marche pour l'investissement. Son but était de s'assurer la possession du plateau de Châtillon, précieux pour la défense active. Le lendemain, il jetait deux divisions du XIVe corps sur le flanc droit du 5e corps et du 2e bavarois. Les défaillances des soldats sur plusieurs points du champ de bataille, et la retraite prématurée d'une division qui laissa l'autre sans appui, contribuèrent à faire échouer ce premier essai d'offensive, et amenèrent l'évacuation du plateau et de la redoute de Châtillon. Le désordre dans lequel les troupes rentrèrent à Paris augmenta l'alarme que les premiers fuyards y avaient répandue. En ne tentant pas alors une attaque de vive force sur les forts du Sud et sur l'enceinte, les Allemands se conformaient à un plan d'investissement méthodique ne comportant que la défensive. A la suite de cet insuccès, toutes les défenses extérieures, hormis le Mont-Valérien, furent abandonnées par ordre du gouverneur; on ne conserva, pour la communication entre les rives de la Seine, que le pont de Neuilly et celui du chemin de fer, à Asnières.

Le général Vinoy reprit, le 23, aux Allemands, le plateau de Villejuif ; le 30, il réussit dans son attaque sur Chevilly, où fut tué le général Guilhem, et échoua devant l'Hay. Le 7 octobre, le colonel La Mariouse occupait Cachan ; le 10, le régiment des mobiles de la Côte-d'Or s'empara de la maison Millaud. La possession de ces deux points permit au général Tripier, commandant le génie, de construire des ouvrages de contre-approche de Vitry au fort de Montrouge. Le 13, le combat de Bagneux-Châtillon, livré par le XIIIe corps, contraignit l'ennemi à montrer ses forces. La reconnaissance des ouvrages de la Malmaison fut vigoureusement exécutée le 21 par 10.000 hommes (colonne Berthaut portée sur la Malmaison, colonne Noël dirigée sur la Jonchère) empruntés à différents corps de la ligne et de la mobile, aux francs-tireurs, éclaireurs, etc., qui vinrent se heurter à des forces supérieures appuyées sur de solides défenses. L'action avait été assez chaude pour faire craindre à l'ennemi une percée sur Versailles.

Avec l'autorisation et l'appui effectif du général de Bellemare, les francs-tireurs de la Presse s'emparèrent, le 28 octobre, du village du Bourget. Le 30, les Allemands le reprirent, malgré l'héroïque résistance de sept compagnies du 128ᵉ et de quelques braves groupés autour du commandant Baroche. Les autres fractions de troupes avaient pris la fuite ; en vain, le général Hanrion, accouru de la Courneuve avec une petite colonne, tenta d'enlever ses hommes pour les porter au secours des défenseurs du Bourget. Le lendemain, une poignée d'agitateurs révolutionnaires, exploitant la déception causée à la population parisienne par la perte du Bourget et la nouvelle de la capitulation de Metz, essayait de renverser le gouvernement. Cette sinistre journée contribua à rendre impossible l'armistice que M. Thiers, encouragé par les cabinets anglais et russe, avait commencé à négocier à Versailles.

Le 8 novembre, l'armée de Paris fut constituée en quatre groupes : la Iʳᵉ armée, composée de la garde nationale et commandée par le général Clément Thomas;

la IIe armée, forte de 100.000 hommes, formant l'élite des forces actives et répartie en trois corps (Ier Blanchard, IIe Renault et IIIe d'Exéa), sous les ordres du général Ducrot; la IIIe armée, à l'effectif de 70.000 hommes, comprenant 6 divisions et commandée par le général Vinoy; enfin, le corps de Saint-Denis, de 30.000 hommes, sous les ordres de l'amiral La Roncière Le Noury.

Au commencement d'octobre, le général Ducrot avait proposé au général Trochu un plan de sortie par la Basse-Seine : 50.000 hommes franchiraient la Seine à Bezons et se porteraient vers Rouen pour rallier les forces de l'Ouest et celles qui se rassemblaient dans le nord. Ce plan, bien conçu et minutieusement préparé, ne méritait pas les critiques dont il a été l'objet. A la nouvelle de la victoire de Coulmiers, le gouvernement, cédant à la pression de l'opinion publique, prit le parti de tenter une sortie par l'est, qui permettrait d'aller à la rencontre de l'armée de la Loire ; il renonçait donc au plan précédent ; celui qu'il lui substituait forçait le général d'Aurelle à abandonner, pour une offensive prématurée, les avantages de la défense organisée à Orléans.

La sortie par l'est nécessitait le passage de la Marne ; on décida qu'il aurait lieu dans la boucle entre Nogent, Joinville et Champigny. L'objectif de la première journée était Lagny ; ceux de la seconde, Bray et Nogent-sur-Seine. L'opération devait être secondée par une diversion du général Susbielle sur Montmesly et par une autre du général Hanrion sur Épinay.

Le 27 novembre, le général Ducrot annonçait, dans un ordre du jour à la IIe armée, sa résolution de tenter un suprême effort pour ressaisir la victoire. L'engagement qu'il y prenait de ne rentrer dans Paris que « mort ou victorieux » pouvait, sans doute, provoquer d'héroïques folies et d'inutiles sacrifices d'hommes, mais il était profondément sincère et répondait à l'état d'esprit des troupes exaspérées par des défaites répétées.

Une crue subite de la Marne, survenue le 29, fit ajourner le passage. Mis en éveil par l'occupation du plateau d'Avron et la concentration française entre Vincennes et Rosny, le grand état-major allemand se hâta de faire renforcer les troupes sur la Marne. Suivant les combinaisons du général Ducrot, le Ier corps devait se porter à droite, sur Champigny; le IIe au centre, sur Villiers; le IIIe à gauche, sur Noisy-le-Grand, par où il tournerait la droite ennemie. Le Ier corps enleva Champigny, mais ne parvint pas à gravir le plateau de Cœuilly et à s'emparer du parc. Au IIe corps, les tentatives répétées de la division de Maussion sur le parc de Villiers, clef du champ de bataille au centre, restèrent infructueuses. La division de Bellemare, du IIIe corps, ayant débouché tardivement et s'étant rabattue sur Bry au lieu de se porter sur Noisy, permit aux Allemands de renforcer leur droite, et rendit impossible le mouvement tournant qui était l'opération capitale de la journée; son attaque sur le parc de Villiers n'aboutit pas. Le général Ducrot avait payé de sa personne à plusieurs reprises à la tête de ses soldats en donnant l'exemple du plus brillant courage ; à la fin de la journée, comprenant l'inutilité de nouveaux efforts, il fit arrêter tout mouvement offensif et ordonna d'organiser les positions conquises. Sur 55.000 hommes, la IIe armée avait 4.000 hommes hors de combat, dont le général Renault, mortellement blessé; les Allemands perdaient environ 1.700 hommes sur un effectif de 46.000.

II

Le lendemain de la bataille de Villiers, les armées restèrent en présence comme par l'effet d'une trêve tacite. Le 2 décembre, l'action recommençait; les Allemands, renforcés, prenaient l'offensive. A la gauche, la brigade Courty et, à hauteur de Villiers, le général Berthaut, résistèrent au choc. A la droite, l'ennemi surprit la brigade Martenot à Champigny; grâce à une vigoureuse contre-attaque des généraux Paturel et de la Mariouse, le village fut reconquis. A la fin de l'après-midi, le feu cessa; les Allemands renonçaient à l'offensive. La situation était la même

que le 30 au soir. Sans aucun doute, la
IIe armée était victorieuse, mais son état
de désorganisation ne lui permettait pas
de prolonger la lutte. Le 3, elle repassa la
Marne sans être inquiétée. Les pertes
faites dans les batailles de Villiers et de
Champigny, jointes à celles des 1er et
3 décembre, s'élevaient pour la IIe armée à
9.800 hommes et pour les Allemands à
6.200 hommes.

Après la bataille de Champigny, la
IIe armée ne compta plus que deux corps :
Ier de Maussion, IIe d'Exéa, avec la division
de réserve Faron et la division de cavalerie
de Champéron. La IIIe armée comprit aussi
deux corps.

Le 5 décembre, la nouvelle de l'évacuation d'Orléans était annoncée au général
Trochu par une lettre assez énigmatique
du général de Moltke. Quelques-uns des
membres du gouvernement et le général
Ducrot l'interprétèrent comme un appel
déguisé à des négociations. Le général

Trochu y vit une arrogante sommation de se rendre, à laquelle il opposa un ferme et digne refus. Déjà, le gouvernement avait arrêté un plan de sortie par Saint-Denis-Bondy, pour aller à la rencontre de l'armée du Nord vers Amiens. Ce nouvel effort pour percer les lignes allemandes fut inauguré le 21 décembre par l'attaque du Bourget. Les assauts répétés des trois brigades du corps de l'amiral La Roncière Le Noury vinrent se briser contre ce village dont les Allemands avaient fait, depuis octobre, une véritable forteresse. Le même jour, le général Vinoy opérait une diversion sur Ville-Évrard, où était tué le général Blaise. L'affaire du Bourget causa une vive émotion dans la population qui en rendit responsable le général Trochu.

Depuis quelque temps, l'opinion publique, en Allemagne, se montrait très impatiente de voir précipiter le dénouement de la guerre. Le grand état-major allemand n'eut pas de peine à répondre à un désir qui s'accordait avec ses combinaisons. Le 27 décembre, 76 pièces, subitement démasquées, tonnèrent au milieu d'un ouragan de neige. Le bombardement de Paris commençait le centième jour du siège. Le plateau d'Avron, sur lequel les Allemands firent aussitôt converger leurs feux, fut évacué. A partir du 5 janvier, 275 pièces tirèrent sans interruption. Jusqu'au dernier jour, les forts ripostèrent coup pour coup. Les forts du Sud et les quartiers de la rive gauche furent particulièrement éprouvés. Cet acte de barbarie souleva la colère des Parisiens sans abattre leur moral ; ils supportaient alors de bonne humeur les privations résultant de la réduction croissante des rations de pain et de viande de cheval.

Cependant, la population réclamait une grande sortie. Les membres du gouvernement, pour lui donner entière satisfaction, étaient disposés à y faire participer la garde nationale. Le général Ducrot se déclara hostile à ce projet. La proposition faite ensuite par le général Trochu d'enlever Châtillon fut repoussée par les vingt-huit généraux de l'armée réunis en conseil de guerre. Sur l'avis du général Berthaut, appuyé par le général Schmitz, chef d'état-major du gouverneur militaire, on se décida à l'unanimité pour un mouvement sur Montretout, Garches et Buzenval, sous la protection du Mont-Valérien.

Le 19 janvier, 92.000 hommes, dont 42.000 gardes nationaux, attaquèrent en trois colonnes les positions fortifiées du plateau de la Bergerie, au-dessus de Garches, occupées par le 5ᵉ corps. A gauche, le général Vinoy, après s'être emparé de la redoute de Montretout, et, au centre, le général de Bellemare, après avoir enlevé le parc et le château de Buzenval, furent arrêtés dans leurs progrès quand les Allemands reprirent l'offensive; le plateau de la Bergerie ne put être atteint. A droite, les troupes du général Ducrot furent tenues en échec, malgré de furieux assauts, par une fusillade terrible partie des tranchées et du blockhaus du mur du Long-Boyau. A la nuit, les armées restèrent sur leurs positions. Un peu plus tard, le général Trochu, impressionné par l'état d'extrême épuisement des troupes, surtout au centre où se trouvaient les gardes nationaux, ordonna d'abandonner le champ de bataille. La retraite tourna à la débâcle.

On avait vu, dans cette journée, à côté de lamentables faiblesses, d'admirables actes de courage. La défaite était due, pour une grande part, aux dispositions défectueuses prises par le commandement et à l'indiscipline des gardes nationaux ; elle coûtait plus de 4.000 tués et blessés à l'armée française, tandis que les Allemands, combattant presque toujours à couvert, avaient eu moins de 600 hommes hors de combat.

La veille, le roi de Prusse s'était fait couronner empereur d'Allemagne dans la salle des Glaces du château de Versailles.

Le dénouement de la sanglante et inutile bataille de Buzenval mit le comble à l'impopularité du général Trochu. Ses collègues croyant devoir se faire les interprètes du sentiment public très surexcité contre lui, obtinrent qu'il donnât sa démission de commandant en chef de l'armée, tout en restant président du gouvernement. Le général Vinoy le remplaça à la tête de l'armée. Paris n'avait plus alors de vivres que pour une dizaine de jours.

Le 28 janvier, après six jours de négociations pendant lesquels fut discuté le sort de la France, M. Jules Favre signait avec M. de Bismarck un armistice de vingt et un jours.

L'armée (131.000 hommes de ligne, 105.000 mobiles, 13.000 marins, 32.000 blessés et 8.000 malades) était prisonnière de guerre et devait être désarmée à une division près : le vainqueur usait de son droit. Quant au désarmement de la garde nationale, M. de Bismarck était trop avisé pour l'imposer comme une condition ; se rendant compte de l'impuissance du gouvernement à pratiquer cette opération, il se serait bien gardé d'exposer l'armée allemande à en assumer la charge ; tout au plus a-t-il dû en faire l'objet d'une concession au négociateur français et encore d'une concession apparente, car, au fond, ainsi que l'a dit plus tard le général Trochu, « il sentait bien les inextricables périls où nous jetteraient 250.000 hommes de garde nationale armés, sans discipline et, pour une part, sans frein. »

Une contribution de guerre de 200 millions était imposée à Paris. Des mesures devaient être prises immédiatement pour le ravitaillement de la population et de l'armée. Le 29, les forts étaient remis aux Allemands, avec 602 canons de campagne et 1.302 pièces de siège. Ceux qui ont vu à l'œuvre les marins dans ces forts savent avec quelle intrépidité, avec quel sang-froid ils avaient accompli leur tâche et avec quel désespoir ils l'abandonnèrent.

L'armée de Paris avait fait tout ce qu'il était humainement possible de faire : elle avait sauvé l'honneur. Autour de ses 60.000 hommes de troupes régulières sans cohésion et insuffisamment instruites, étaient venus se grouper d'autres éléments encore plus inexpérimentés. De ce médiocre amalgame, on avait fait sortir des divisions, des corps d'armée, puis des armées. La science militaire manquait aux chefs, la plupart improvisés, de ces grandes unités; les officiers étaient novices, les sous-officiers en petit nombre. Malgré tout, ces armées de fortune avaient livré bataille, et quelquefois infligé de sérieux échecs à des adversaires préparés de longue main à la lutte et aguerris par de rudes combats.

De son côté, la population parisienne s'était montrée à hauteur des circonstances. Sa résignation patriotique était restée inébranlable devant les sourdes menées comme devant les entreprises ouvertes d'une poignée de révolutionnaires presque toujours les mêmes. Le gouverneur de Paris ne l'avait pas toujours bien comprise ; tantôt il se défiait d'elle outre mesure, tantôt il cédait trop facilement à ses entraînements.

Parmi les attaques plus ou moins passionnées dont le général Trochu a été l'objet, celles qui ont cherché à l'atteindre dans sa dignité d'homme et dans son honneur de soldat sont profondément injustes ; mais il n'est que trop vrai que sa confiance chancelante dans le succès final des opérations a énervé ses résolutions et rendu oscillante et inégale sa direction militaire. On peut regretter aussi qu'il ait poussé l'abus de la parole jusqu'à nuire à son devoir d'agir. Il faut reconnaître, cependant, que jamais chef d'armée n'eut à répondre à autant d'exigences et ne porta une aussi lourde responsabilité. Un autre eût-il mieux fait que lui ? Ducrot, par exemple ? L'esprit d'initiative du commandant de la IIe armée, son énergie, ses talents militaires et la confiance qu'il savait inspirer aux soldats, lui auraient permis, sans doute, d'imprimer à la défense active une vive impulsion que Trochu hésitait souvent à lui donner, mais avec des troupes incapables d'un effort prolongé et sujettes à de soudaines défaillances, sa fougue naturelle ne l'aurait-elle pas entraîné trop loin ? Le combat du 19 septembre à Châtillon est bien significatif sous ce rapport. On peut aussi se demander si le caractère impétueux et entier de Ducrot se serait accommodé de l'humeur inconstante des foules, et ne l'aurait pas exposé à entrer en conflit avec les passions et les préjugés des membres du gouvernement. Si les circonstances avaient amené le général Trochu à renoncer plus tôt au haut commandement militaire, c'est-à-dire à la suite du premier échec du Bourget à la fin d'octobre, ou après le second à la fin de décembre, il est très probable que sa succession serait échue au général Vinoy, doyen des divisionnaires. Grâce à l'expérience militaire qu'il avait acquise au cours d'une longue carrière, et dont il avait donné des preuves après Sedan en sauvant le XIIIe corps de la poursuite de l'ennemi, il aurait pu éviter certaines fautes de direction et de commandement commises par le général Trochu, mais serait resté impuissant à désarmer la défensive allemande.

Le reproche fait au général Trochu d'avoir poursuivi son œuvre sans conviction, perd sensiblement de sa valeur quand on considère qu'à partir de la chute de Metz l'heureuse issue du siège de Paris devint plus que douteux. Si, grâce à un rationnement réglé de bonne heure, Metz avait tenu un mois de plus, le grand état-major allemand, faute de pouvoir disposer de l'armée du prince Frédéric-Charles quelques jours après la victoire de

Coulmiers et l'évacuation d'Orléans, se serait trouvé dans l'obligation d'envoyer sur la Loire une partie des troupes d'investissement de Paris. Peut-être même le général d'Aurelle aurait-il réussi alors à faire lever le siège de la capitale.

Ces circonstances favorables dont dépendait, en grande partie, le sort de la France, ne s'étant pas produites, les Allemands étaient restés à peu près maîtres de la situation ; ils avaient organisé leur défense avec un remarquable esprit de méthode et une science tactique incontestable. Leur succès définitif était dû moins à leurs armes qu'à leurs calculs. Pressé d'en finir avec les tentatives désespérées de l'armée française pour forcer les lignes de blocus, le général de Moltke n'avait pas craint d'appeler à son secours des auxiliaires plus sûrs que glorieux : l'incendie et la famine. Comment l'histoire n'en tiendrait-elle pas compte dans ses suprêmes arrêts ?

CHAPITRE VII

LES PLACES FORTES

I

Les opérations auxquelles a donné lieu la fortification pendant la guerre de 1870-71 sont en liaison étroite avec celles des armées en campagne ; elles en ont été quelquefois la cause déterminante, souvent la conséquence directe. Ne pas leur accorder une place en rapport avec l'importance de leur rôle serait, non seulement s'exposer à rester dans l'ignorance de faits essentiels et à n'avoir pas une idée exacte et complète du caractère et de la véritable physionomie de la guerre, mais encore se priver des précieux enseignements qu'elles comportent.

Les Allemands ont assiégé les trois camps retranchés de Metz, Paris et Belfort; dix-sept places fortes : Strasbourg, Bitche, la Petite-Pierre, Lichtemberg, Phalsbourg, Marsal, Verdun, Toul, Soissons, Schlestadt, Neuf-Brisach, la Fère, Montmédy, Mézières, Rocroi, Longwy, Péronne; deux citadelles contiguës à une ville ouverte : Laon, Amiens, et un château-fort, Ham. Sedan n'a pas été assiégé; la perte de la bataille a eu pour conséquence la reddition de la place.

Après la bataille de Frœschwiller (6 août 1870), au moment où le prince royal de Prusse, en marche sur la Moselle à la tête de la 3ᵉ armée, s'engageait dans les Basses Vosges, la cavalerie allemande se présentait devant Strasbourg (8 août) où elle était rejointe le lendemain par la division badoise.

Les fortifications de Strasbourg consistaient en une enceinte bastionnée renforcée par divers ouvrages et par une citadelle. Quelques travaux de réfection avaient été exécutés depuis 1867, mais on avait négligé de construire des forts détachés, conformément aux projets établis dès cette époque. L'armement était incomplet. Le général Uhrich, gouverneur de la place, disposait de 16.000 hommes environ, dont une faible partie en troupes de ligne. Le corps de siège était commandé par le général de Werder, et ne tarda pas à s'élever à 57.000 hommes, dont la moitié de landwehr.

Le 17, l'investissement était complet. Le 19, les batteries allemandes de Kehl ouvraient le feu sur la citadelle. Le 24, commença le bombardement de la ville, qui causa d'affreux ravages. Jugeant le moyen insuffisant pour hâter la reddition, Werder recourut à un siège régulier. Trois parallèles furent successivement ouvertes. Les Allemands s'étaient emparés de deux ouvrages et avaient pratiqué deux brèches au corps de place, quand le drapeau blanc fut hissé sur la cathédrale. La capitulation, signée le 28 septembre malgré les protestations des héroïques Strasbourgeois, livrait à l'ennemi, avec la garnison prisonnière de guerre, un matériel considérable. Les Français avaient 2.500 hommes hors de combat, le corps allemand 952. La populpulation comptait 300 tués et 800 blessés. L'ouragan de fer et de feu déchaîné par les Badois sur leurs « frères allemands » avait ruiné 600 maisons et les plus beaux édifices de la capitale de l'Alsace.

Les critiques auxquelles a donné lieu la défense de Strasbourg n'ôtent rien à la réputation de bravoure et d'énergie du général Uhrich et au courageux dévouement de ses soldats. D'une manière générale, sa défense, trop passive, n'a pas été poussée à la dernière extrémité selon les prescriptions des règlements militaires; il l'a justifiée, dans une certaine mesure, par l'insuffisance de l'armement et le peu de solidité de ses troupes. On doit aussi lui tenir compte de cette circonstance qu'il a, le premier, fait la rude expérience de l'inégalité de la lutte de la fortification ancienne dépourvue d'ouvrages détachés, contre la puissante artillerie nouvelle.

Dans les Basses-Vosges, les Allemands s'étaient heurtés aux places qui en défendaient les passages. Dès le 8 août, les Bavarois bombardaient Bitche ; la petite forteresse, défendue par un soldat de décision et d'énergie, le commandant Teyssier, ne fut évacuée que le 21 mars 1871, sur l'ordre du gouvernement français. Le 9, le commandant de la Petite-Pierre, privé de moyens de défense, gagna Phalsbourg après avoir détruit son matériel. Le même jour, les Wurtembergeois investissaient le fort de Lichtemberg, qui capitula après une vigoureuse résistance. Les Allemands, redoutant les tentatives de la garnison de Phalsbourg pour faire sauter les tunnels voisins, investirent cette place le 10 août. La garnison et les habitants ne se laissèrent pas intimider par un bombardement à outrance. Le 12 décembre, le commandant Taillant, n'ayant plus de vivres, fit enclouer les canons, noyer les poudres, briser les fusils, et, sans capituler, ouvrit les portes de la place. Fabert, le grand soldat messin, n'eût pas fait autrement. La petite place de Marsal s'était rendue prématurément le 14 août.

Jusqu'à la fin d'août, le grand état-major allemand pouvait craindre que l'armée française, bloquée dans Metz, ne se frayât un passage vers la Meuse. D'un autre côté, par sa situation à proximité du théâtre d'opérations des armées allemandes en marche sur Châlons, Verdun attira de bonne heure son attention. Bombardée à plusieurs reprises à partir du 24 août, puis bloquée, elle se rendit, le 8 novembre, après une défense très active.

Quelques jours après la capitulation de

Sedan, le grand-duc de Mecklembourg-Schwerin reçut l'ordre de protéger les communications des armées en marche sur Paris en s'emparant de Toul, de Soissons et de Mézières. Déjà, il s'était fait remettre la citadelle de Laon, qui avait capitulé le 9 septembre. Toul et Soissons devaient seules succomber avant la capitulation de Metz. Plusieurs bombardements essuyés par Toul n'empêchèrent pas le commandant Hück de prolonger sa résistance jusqu'au 23 septembre. Le 15 octobre, Soissons capitula sans avoir fait usage de ses moyens de défense. L'occupation de Toul ouvrait aux Allemands la voie ferrée Strasbourg-Nancy-Châlons-Paris (Nanteuil), qui fut leur principale ligne de communication avec l'Allemagne; la prise de Soissons rendait libre la ligne de Châlons à Paris par Reims.

Cependant, la possession de l'Alsace, qui entrait dans les plans de conquête de l'envahisseur, n'avait pas été complètement assurée par la prise de Strasbourg. Neuf-Brisach avec le fort Mortier, Schlestadt et Belfort restaient aux mains de la France. Schlestadt et Neuf-Brisach, bombardées par des troupes de landwehr, succombèrent, la première le 24 octobre, la seconde le 10 novembre. Le fort Mortier s'était rendu le 7 novembre.

Le maréchal Bazaine venait de livrer Metz et son armée. Le moment parut favorable au général de Moltke pour entreprendre le siège de Belfort. Cette place n'était pas située sur la ligne de communication principale des Allemands, mais elle pouvait servir de centre d'organisation et de point d'appui à des troupes françaises opérant en Alsace, dans les Vosges et la Haute-Saône. La crainte qu'entre les mains de la France elle ne fermât plus tard aux armées allemandes le fameux débouché stratégique ouvert par la trouée entre Vosges et Jura, dut influer aussi sur la résolution prise par l'état-major allemand.

Belfort, sur la Savoureuse, se présentait sous forme d'un réduit central composé d'une enceinte et d'un château, et entouré, à une distance d'un kilomètre, de six ouvrages : deux forts anciens (la Miotte et la Justice), un fort nouveau (les Barres) en voie d'achèvement, et trois ouvrages en terre (Bellevue, Hautes et Basses-Perches) en construction.

A partir du 2 novembre, deux divisions de landwehr investirent la place. Le corps de siège, sous les ordres du général de Tresckow, s'éleva à près de 25.000 hommes quand il fut complet. La garnison comptait 16.000 hommes environ, dont 3.000 à peine de l'armée active. Le commandement supérieur de la place était exercé par le colonel Denfert-Rochereau.

Le 3 décembre, commença le bombardement qui devait durer jour et nuit jusqu'à la fin du siège ; la place y riposta aussitôt ; les habitants se réfugièrent dans les caves. Les premières opérations furent dirigées contre Bellevue. Le 8 janvier seulement, l'ennemi aborda le terrain des attaques du côté des Perches, en s'emparant du village de Danjoutin. Un retour offensif du colonel Denfert fut repoussé. Les assiégés crurent toucher à l'heure de la délivrance, en entendant gronder le canon de Bourbaki à Villersexel et à Héricourt ; leur inaction, à ce moment, a été souvent critiquée. Après la prise du village de Pérouse, les assiégeants ouvrirent, dans la nuit du 21 au 22, la première parallèle en avant des Perches ; dans celle du 26 au 27, ils essuyèrent un échec sensible dans l'attaque des ouvrages. La première parallèle était tracée quand le colonel Denfert, jugeant que la supériorité de l'ennemi rendait les redoutes indéfendables, donna l'ordre de les évacuer. Dès lors, les Allemands prirent pour objectif la Miotte, la Justice et le château. Le canon de Belfort, qui était le seul à se faire entendre en

France depuis le 2 février, devait tonner le 12 pour la dernière fois. Le lendemain, en effet, le colonel Denfert reçut du gouvernement français l'autorisation de consentir à la reddition de la place. Les 17 et 18 février, la garnison, réduite à 12.000 hommes environ, sortait de Belfort avec les honneurs de la guerre, emportant ses drapeaux, ses armes et son artillerie mobile ; elle avait eu 4,715 hommes hors de combat, dont 1.795 tués ; les Allemands avaient perdu 689 tués et 1.448 blessés ; la population comptait 50 tués ; 34 maisons étaient détruites, presque toutes les autres endommagées.

Le glorieux dénouement du siège était dû à la vigueur de la direction imprimée par le colonel Denfert à la défense active, au dévouement et au courage de la garnison, et à la résignation patriotique avec laquelle les « enfants de la Miotte » (Belfortains) avaient supporté l'épreuve d'un furieux bombardement.

II

Après la chute de Metz, les Allemands avait songé à étendre leurs communications par voies ferrées. La grande ligne de l'Est, Strasbourg-Nancy-Châlons-Paris, ne leur suffisait pas. Ils étaient résolus à se procurer de vive force la ligne des Ardennes : Sarrebruck-Metz-Thionville-Montmédy-Mézières-Reims. Entre Reims et Paris, ils disposaient de l'embranchement Reims-Soissons, mais non de celui de Reims-Laon-la Fère-Creil-Paris intercepté par la Fère. Telle était l'importance, à leurs yeux, de ces lignes de communication, qu'ils ne crurent pas les payer trop cher par les sièges de la Fère, Thionville,

Montmédy et Mézières. Le général de Manteuffel, en marche de Metz sur l'Oise, reçut en conséquence, le 8 novembre, l'ordre de s'emparer de ces places et d'observer Longwy. Successivement capitulèrent, après un bombardement plus ou moins violent et prolongé, Thionville le 24 et la Fère le 27 novembre, Montmédy le 14 décembre, Mézières le 1ᵉʳ janvier, Rocroi le 5 et Longwy le 24.

En faisant investir les places de la ligne des Ardennes, Manteuffel avait assuré, sur son flanc droit, sa marche sur l'Oise et sur la Somme. Le château fort de Ham, occupé par les Allemands le 22 novembre, retomba au pouvoir des Français dans la nuit du 9 au 10 décembre. Le 30 novembre, la citadelle d'Amiens se rendait après un essai de résistance. A la suite de la bataille de Pont-Noyelles, le général Manteuffel s'empara de la place de Péronne (9 janvier) qui menaçait sa communication avec celle de la Fère dont il attendait la reddition. La prise de Péronne rendit les Allemands maîtres de la Somme; si la place avait résisté deux jours de plus, elle pouvait être sauvée, ce qui aurait amené probablement l'évacuation d'Amiens.

Les opérations de siège, dont l'exposé sommaire prend fin ici avec la prise de Péronne, révèlent le défaut de préparation à la guerre à un degré non moindre que les opérations en rase campagne. A tous les points de vue : commandement, approvisionnements, construction et réfection des fortifications, armement en artillerie, munitions, force et composition des garnisons, le gouvernement impérial avait laissé les forteresses dans un déplorable état d'infériorité. A prétendre le contraire, on égarerait l'opinion publique.

Sous le ministère Niel, il est vrai, on avait apporté certaines améliorations aux fortifications de quelques places, on avait augmenté dans l'armement la proportion des canons rayés et commencé à construire des forts détachés ; mais ces changements ne répondaient pas, à beaucoup près, aux besoins créés par les progrès de l'artillerie. De plus, on avait négligé de supprimer les petites places sans valeur stratégique. Enfin, au moment de la déclaration de guerre, l'armement de sûreté qui se compose des pièces à mettre en batterie sur les remparts, était encore en magasin dans la plupart des places.

Parmi les principales causes des défenses insuffisantes et des capitulations prématurées, en dehors de la supériorité de portée de l'artillerie allemande, on doit tenir compte de la faiblesse numérique et de la composition hétérogène des garnisons et de l'état d'esprit des populations. On peut regretter qu'après l'investissement de Metz et la catastrophe de Sedan, on ait été amené, pour constituer de nouveaux corps d'armée, à ne laisser dans les places que de faibles troupes de dépôt. Pas plus que le gouvernement, les populations ne s'attendaient à l'invasion du sol national; elles furent arrachées brusquement à leur quiétude par le torrent débordant des masses ennemies. Les horreurs du bombardement ne les trouvèrent donc pas toujours résignées, et plus d'un commandant de place qui, entouré de combattants résolus comme lui, aurait été sans faiblir jusqu'au bout de son devoir, se vit paralysé dans sa résistance par les violences des foules exaspérées et par l'hostilité des autorités locales.

L'étude des divers éléments propres à influer sur le degré de résistance des places fortes de toutes les époques et de tous les pays, a conduit le général Thoumas à classer celles-ci en quatre catégories : les places qui, par une belle défense, ont repoussé l'ennemi ou donné à une armée de secours le temps de les délivrer; les places qui, malgré une belle défense et faute d'être secourues, ont été prises d'assaut et ont capitulé; les places dont la défense passe pour avoir laissé à désirer, et enfin celles dont la mauvaise défense a donné lieu à des poursuites contre leurs gouverneurs et commandants. De là, des défenses « triomphantes », de « belles défenses », des défenses « critiquées ou blâmées » et des défenses « châtiées ». Rapprochée des jugements portés par le conseil d'enquête de 1872 sur les capitulations, présidé par le maréchal Baraguey d'Hilliers, cette division rationnelle permet de classer, parmi les défenses triomphantes, celles des places de Bitche, Phalsbourg et Belfort, qui n'ont pas été prises par l'ennemi et n'ont pas été rendues par leurs défenseurs.

Les autres défenses (moins celle Metz), y compris celle de Paris, rentrent dans la catégorie des défenses « qui laissent à désirer ». Les appréciations élogieuses dont quelques-unes — celles de Lichtemberg, Toul, Verdun, Schlestadt, Neuf-Brisach et Montmédy, par exemple, — ont été l'objet de la part du conseil d'enquête, iraient presque jusqu'à effacer la critique ou le blâme dont elles sont accompagnées, si l'on tenait compte avec moins de rigueur de l'infraction au devoir de ne se rendre qu'après qu'il a été fait brèche au corps de place, et que l'assaut a été subi selon les prescriptions du règlement sur le service des places de 1863. Ce serait justice, car on n'avait pas prévu alors que cette infraction pourrait cesser d'engager la responsabilité de l'assiégé, par suite de l'adoption d'un armement nouveau supprimant la phase de la défense rapprochée. Seule, la défense de Metz est à placer dans la dernière catégorie : elle a mérité le suprême châtiment.

Malgré la faiblesse de leurs moyens de défense, les places fortes ont retardé par leur résistance les progrès de l'occupation allemande. Elles n'ont pas rempli, d'ailleurs, leur rôle classique de point d'appui pour les troupes opérant en campagne, si ce n'est dans le nord, où elles ont prêté, sous ce rapport, un précieux concours à Faidherbe. Ce sont les Allemands qui ont utilisé les places pour appuyer leurs opérations de campagne ; en même temps, ils se sont assuré la possession de points stratégiques importants, et ont fait servir un certain nombre de forteresses à protéger leurs lignes de communications.

Les procédés que l'ennemi a mis en œuvre pour s'emparer des places ont consisté en blocus généralement accompagnés d'attaques de vive force et de bombardement. Les attaques de vive force n'ont jamais réussi ; les blocus ont été organisés avec une incontestable perfection, grâce à l'emploi bien compris de la fortification passagère. Le bombardement, dirigé principalement contre les maisons et les édifices, a déterminé trop souvent des redditions hâtives (il a échoué à Bitche, Phalsbourg, Belfort et Paris), mais n'a pas eu d'action sérieuse sur les remparts et les abris casematés, malgré le grand nombre de projectiles lancés (20.000 à Bitche, 32.000 à Péronne, 193.000 à Strasbourg, plus de 200.000 à Paris, 410.000 à Belfort). Sauf à Mézières et à Strasbourg, le nombre des habitants non militaires tués ou blessés a été peu élevé.

En résumé, les Allemands n'ont montré qu'une médiocre science militaire dans l'attaque des places ; ça et là, ils ont ébauché des tranchées et pratiqué quelques brèches insignifiantes, et n'ont recouru à des cheminements réguliers qu'à Strasbourg et à Belfort.

Quant aux résultats qu'ils ont obtenus avec le bombardement, ils sont dus, en notable partie, aux conditions de grande infériorité dans lesquelles ont lutté leurs adversaires, mais tout porte à croire que ce procédé ne sera pas d'une efficacité aussi décisive le jour où les places bien commandées et pourvues de bonnes garnisons pourront, sauront et voudront se défendre.

CHAPITRE VIII

LES CAUSES DE LA DÉFAITE

Le mouvement de rénovation militaire qui se produisit au lendemain même de la guerre de 1870-71 était caractérisé par la recherche active et consciencieuse des causes matérielles et morales de la défaite et des moyens d'en prévenir le retour. On vit alors des officiers généraux, supérieurs et autres, en très grand nombre, s'appliquer à l'envi à étudier les questions d'organisation, de stratégie et de tactique soulevées par l'invasion du territoire national.

Ce patriotique labeur, accompli en dehors de toute préoccupation étrangère aux intérêts de l'armée, apporta de précieuses lumières aux premiers réformateurs militaires. Il a eu pour prolongement jusqu'à nos jours des études historiques de longue haleine appuyées sur de nombreux documents officiels et privés. Le moment semble donc venu d'envisager dans leur ensemble les causes de la guerre fatale et de donner un corps aux enseignements à en tirer.

Il ne paraît guère possible de trouver, du côté de la France, d'autre raison déterminante de la guerre que l'intention de Napoléon III de consolider son propre pouvoir et l'avenir de sa dynastie. Nul ne saurait dire dans quelle mesure l'opinion de son entourage immédiat entraîna sa résolution, mais il n'est pas douteux que certains de ses conseillers politiques l'influencèrent dans un sens favorable à ses visées.

La puissance militaire de la France était représentée par 3oo.ooo hommes à peine, dont 210.000 environ pouvaient être jetés à la frontière ; ils furent renforcés plus tard par 60.000 réservistes. L'armée de deuxième ligne, formée par la garde nationale mobile non instruite et non armée, n'existait encore que sur le papier.

La Prusse, à elle seule, était en mesure de mettre immédiatement en campagne 430.000 hommes de première ligne et près de 300.000 de deuxième ligne, et disposait de 2.000 bouches à feu de campagne (contre 780 avec 144 mitrailleuses à l'armée française). Elle ne conserva pas dans tous les engagements la prépondérance numérique du début ; mais d'autres éléments de supériorité qu'elle devait à la perfection de son organisation militaire, aux soins donnés à l'instruction du soldat et à ses efforts constants pour maintenir dans les troupes une rigoureuse discipline, contribuèrent puissamment au succès de ses armes.

Malgré les avertissements significatifs

du colonel Stoffel et du général Ducrot, l'empereur se laissa aller à tenter la fortune de la guerre. Il eut le tort de faire fond uniquement sur les plans de campagne élaborés, sans se rendre compte que tout allait lui en rendre l'application difficile et dangereuse.

La déclaration de guerre, aveuglément précipitée, fut le signal d'un désordre général, au milieu duquel s'effectua une répartition des grands commandements qui n'était pas inspirée uniquement par la préoccupation des intérêts militaires. La cause initiale de ce désarroi était le manque de préparation à la guerre. A aucun moment, l'organisation et l'instruction de l'armée n'avaient été orientées dans cette voie. Tandis que les Prussiens possédaient déjà, pour leur mobilisation, un mécanisme perfectionné, l'armée française procéda à la sienne sans règles ni méthode. Lorsque prit fin la concentration opérée lentement autour de Metz et de Strasbourg, les troupes n'étaient pas encore pourvues des vivres, des munitions et du matériel nécessaires ; le déploiement stratégique, à grande envergure, qui la suivit, permit aux Allemands d'écraser séparément Douay à Wissembourg, Frossard à Spickeren et Mac-Mahon à Frœschwiller.

Après ces sanglantes journées, la plus grande partie de l'armée fut dirigée sur Metz, alors qu'elle aurait dû être tout entière concentrée dans les Vosges. Le grand quartier impérial commit ainsi une faute stratégique que les Allemands mirent aussitôt à profit, en entamant le mouvement tournant destiné à les amener sur les derrières de l'armée du maréchal Bazaine et à intercepter sa retraite sur Verdun. Les batailles de Borny, Gravelotte et Saint-Privat marquent les étapes de cette audacieuse manœuvre d'enveloppement renouvelée de celle de Napoléon Ier à Ulm, en 1805, et que Bazaine laissa s'accomplir presque sans la troubler.

A la suite de l'investissement de Metz, l'armée de Châlons reçut l'ordre de se porter au secours de Bazaine. La mission de débloquement imposée à Mac-Mahon était pleine d'aléas et de dangers, mais, avec de l'initiative et de la décision, il aurait pu, sinon la remplir jusqu'au bout, du moins prévenir les chances défavorables qui ont conduit son armée à la pire des catastrophes.

L'avantage du nombre, assuré à l'armée allemande dès le début de la campagne, lui resta devant Metz et à Sedan ; il passa du côté des Français quand le gouvernement de la Défense nationale eut mis sur pied toutes les forces utilisables du pays (500.000 à 600.000 hommes, avec 1.400 bouches à feu) ; c'est ainsi qu'ils l'obtinrent à Paris, sur la Loire, dans le nord, et dans l'est sur la Lisaine. Malheusement, cette supériorité numérique perdit en notable partie sa valeur propre, par suite d'une organisation incomplète, ainsi que du manque d'instruction et de l'esprit d'insubordination des troupes de nouvelle formation.

Metz était près de succomber, quand l'armée de la Loire, la première organisée en province, se mit en mouvement. La surprise qu'éprouvèrent les Allemands de ne pas être poursuivis après leur défaite à Coulmiers permet de supposer que la marche sur Paris, à ce moment, aurait produit un grand effet moral. Faute de n'avoir pas su concentrer ses forces, d'Aurelle fit battre successivement ses deux ailes et son centre. Chanzy reprit la lutte avec vigueur à la tête de la deuxième armée de la Loire ; ses combinaisons manœuvrières étant mal secondées par des troupes sans instruction, il resta impuissant, jusqu'à la fin, à tirer parti de la faiblesse numérique et de l'étendue de front démesurée de ses adversaires.

Pendant que la deuxième armée de la Loire se réorganisait au Mans, Faidherbe livrait la bataille de Pont-Noyelles, où les Allemands étaient tenus en échec. La victoire de Bapaume resta sans fruit. La journée de Saint-Quentin se serait probablement terminée comme celle de Bapaume, si l'ennemi n'avait pas été renforcé au cours de l'engagement.

L'armée de l'Est, jetée la dernière sur l'échiquier de la guerre, fut aussi la dernière à tenir campagne; après l'effort désespéré de Bourbaki à Héricourt, sa désorganisation arriva à son comble; dès lors, elle était condamnée à disparaître; Manteuffel lui donna le coup de grâce.

A Paris, comme en province, la mauvaise qualité et l'indiscipline des troupes se firent sentir dans la plupart des engagements; elles rendirent efficace l'investissement entrepris par l'ennemi avec des forces pour ainsi dire insignifiantes, si on les compare à celles qu'il aurait été tenu d'opposer à une armée composée de soldats éprouvés. Ces causes constantes d'échec s'aggravèrent, le jour de la sortie de Villiers, bien dirigée, d'ailleurs, sur le point faible de l'ennemi, du manque de concordance dans les opérations.

A côté des causes générales de la défaite, telles qu'elles ressortent du rapide exposé qui précède des opérations de la campagne, il existe des causes particulières aux armes et aux services entrant dans la composition de l'armée.

L'infanterie, élément de fond du corps de bataille, exerce son action, on le sait, principalement par le feu. En raison du peu d'expérience acquise avant la guerre dans l'emploi du fusil Chassepot, les effets obtenus aux grandes distances ne furent pas aussi supérieurs qu'ils auraient dû l'être à ceux du fusil prussien à aiguille, malgré la moindre valeur balistique de ce dernier. Les soldats abusèrent, d'ailleurs, du tir aux grandes distances, ce qui entraîna le gaspillage des munitions. Aux petites distances, l'avantage était aux Allemands qui tiraient avec calme et en visant. Les instructions tactiques rédigées à Metz par l'état-major général à la veille des hostilités et destinées à suppléer, en ce qui concernait les formations de combat, d'attaque et de défense, les règlements de 1869, étaient incomplètes et furent plus ou moins appliquées, de sorte qu'on ne put tirer de la nouvelle arme tout le parti désirable.

La supériorité en quantité et en portée de l'artillerie allemande se manifesta dans de telles proportions qu'elle détermina quelquefois, à elle seule, le succès définitif. La tactique allemande consistait à préparer longuement, par les feux de l'artillerie en masse, l'entrée en ligne de l'infanterie. Après les premières batailles livrées sous Metz, quelques officiers généraux (le général de Ladmirault entre autres) mirent, entre les mains des officiers sous leurs ordres, des instructions ayant pour but d'opposer aux procédés d'attaque de l'ennemi de nouvelles formations tactiques.

Les effets meurtriers des feux dus aux progrès de l'armement achevèrent de montrer la nécessité de l'ordre dispersé. Ils eurent aussi pour conséquence l'emploi de la fortification passagère sur le champ de bataille. A Gravelotte, les tranchées-abris défièrent les assauts répétés de trois corps d'armée allemands.

Le tir de l'infanterie aux grandes distances a amené dans la tactique de la cavalerie des changements décisifs. L'emploi de cette arme en grandes masses contre les lignes de l'infanterie n'a entraîné que de sanglants échecs. La bataille de Rezonville offre un exemple — le seul de la campagne — de cavalerie lancée contre la cavalerie : l'engagement fut désordonné et inutile ; cependant, quelques charges de petits groupes, vivement conduites, ont bien réussi. Quant au rôle de la cavalerie dans l'exploration avancée, les reconnaissances et les poursuites, il n'a rien perdu de son importance. En 1870-1871, l'inaptitude à s'éclairer a été souvent funeste à l'armée française.

Parmi les services dont l'organisation et le fonctionnement ont exercé une influence directe sur les opérations militaires, l'état-major et l'intendance tiennent une place importante. L'état-major n'existait, ni en temps de paix comme centre d'études militaires constitué en vue de la préparation à la guerre, ni en temps de guerre comme moteur de l'armée; lorsque les armées de Châlons et de Metz furent définitivement perdues pour la France, on arriva à peine à réaliser le huitième de l'effectif normal de paix en officiers d'état-major; l'armée de l'Est, entre toutes, souffrit gravement de cette insuffisance numérique.

L'administration de la Guerre, au dire de M. de Freycinet qui en a assumé la charge, aurait réuni des approvisionnements en quantité suffisante, et subvenu aux besoins d'un effectif plus élevé que celui qui a été réalisé. Les souffrances des soldats et le gaspillage des objets qui leur étaient destinés tiendraient donc à d'autres causes qui sont, d'après l'ancien délégué à la Guerre : l'insuffisance d'entente entre le commandement et l'intendance, le manque d'autorité et de surveillance des offi ciers présidant aux distributions, l'admission dans les cadres d'agents inexpérimentés, et l'indiscipline des troupes.

Si éclatantes que soient les victoires des Allemands, la critique militaire a relevé dans leurs opérations des fautes bien caractérisées de stratégie et de tactique ; leurs mouvements tournants de Metz et de Sedan, tout en étant des modèles du genre, n'en sont pas exempts. Il s'en faut que le grand état-major ait toujours pénétré de bonne heure les projets des généraux français. La plupart des batailles livrées par les Allemands ont été le développement d'une idée bien conçue, mais peu propre à favoriser une inspiration soudaine ou à faire surgir un événement imprévu. En général, ils ont opéré sur des fronts trop tendus. Leur cavalerie s'est montrée à peu près nulle dans la poursuite; les cas assez nombreux où elle a perdu le contact avec l'adversaire tendent à prouver que l'importance et l'audace de ses reconnaissances ont été exagérées. Sur la Loire, la faiblesse de plusieurs de leurs manœuvres est manifeste. Dans le nord, ils auraient échoué s'ils avaient eu à combattre des troupes capables d'une résistance sérieuse. A Héricourt, malgré une excellente position formidablement retranchée, ils ont été à deux doigts de leur perte. Leurs seules opérations devant Paris sont l'attaque du Bourget et celle du plateau d'Avron.

Il serait inutile et décevant de rechercher les causes de la défaite sans être soutenu par l'espoir d'en prévenir le retour. L'armée française dispose, aujourd'hui, d'éléments supérieurs à ceux qu'elle a opposés à l'Allemagne en 1870, même quand elle ne comprenait que d'anciens soldats. L'immense labeur accompli avait fait germer des promesses d'avenir, mais, hélas! depuis quelques années, la politique, à chaque instant en conflit avec l'intérêt militaire, menace de les rendre vaines.

CHAPITRE IX

LE TRAITÉ DE FRANCFORT

I

En consommant la ruine de l'armée de l'Est, l'armistice du 28 janvier 1871 laissait ouverte au vainqueur la région du sud-est vers Lyon ; en portant l'armée de la Loire au nord du fleuve, il faisait perdre à la France les lignes du Cher et de la Vienne, qui la couvraient au centre et vers le nord-ouest ; en un mot, il désarmait, pour ainsi dire, la défense dans le cas de reprise des hostilités.

D'après cette convention, dont la durée fut prorogée en plusieurs fois jusqu'au

12 mars, le gouvernement de la Défense nationale devait convoquer une assemblée librement élue ayant pour mission de décider si la guerre serait ou non continuée, et dans quelles conditions se ferait la paix.

L'Assemblée nationale, issue des élections du 8 février, se réunit le 12 à Bordeaux. Le 17, elle investit M. Thiers du pouvoir exécutif de la République française, et repoussa une motion par laquelle M. Keller, député de l'Alsace, lui proposait de considérer comme non avenu tout acte qui consacrerait une cession territoriale. Le 18, M. Thiers présentait à l'Assemblée le ministère qu'il avait constitué, et dont faisaient partie M. Jules Favre comme ministre des Affaires étrangères, le général Le Flô comme ministre de la Guerre, et M. Pouyer-Quertier comme ministre des finances. Le 19, ayant accepté de négocier les préliminaires de la paix avec l'Allemagne, assisté d'une commission de quinze membres, il se rendit à Versailles où il arriva le 20 février.

Dès le 21, s'engageaient les pourparlers avec M. de Bismarck. Tout d'abord, le chancelier de l'empire allemand précisa nettement les conditions de la paix : cession de l'Alsace entière et d'une partie de la Lorraine avec Metz, indemnité de guerre de 6 milliards. Il exigeait, en outre, que l'armée allemande entrât dans Paris, ou, qu'au moins, à titre de garantie de l'exécution du traité de paix, elle occupât un quartier de la capitale.

Sur tous ces points, M. Thiers résista avec autant de dignité que de fermeté aux exigences du vainqueur. Le lendemain, après qu'il eut vu le roi et le prince royal qui ne se prêtaient, d'ailleurs, à aucune concession, la discussion reprit animée, et parfois orageuse entre les deux négociateurs, à propos de Metz et de l'indemnité de guerre. Le 24, le chancelier maintint avec âpreté sa résolution en ce qui concernait Metz, mais consentit à abaisser l'indemnité à cinq milliards.

Abordant alors la question de la conservation de Belfort, M. Thiers déclara énergiquement que la France ne céderait jamais à la fois Metz et Belfort ; son accent convaincu et désespéré décida M. de Bismarck à prendre l'avis du roi et de M. de Moltke. Le roi ne voulut pas se prononcer avant d'avoir vu M. de Moltke. Après un entretien assez long avec le généralissime, M. de Bismarck mit brusquement M. Thiers en demeure de choisir entre Belfort et la renonciation à l'entrée des Allemands à Paris. La réponse ne se fit pas attendre : « Belfort ! Belfort ! » s'écria avec force M. Thiers. Quelques instants après, M. de Bismarck apportait la concession définitive de Belfort, à la condition que la France abandonnerait quatre villages sur la limite de la Lorraine (l'Allemagne n'en reprit ultérieurement que deux), où se trouvaient enterrés plusieurs milliers de

Prussiens. M. Thiers a laissé de la scène à laquelle donna lieu la discussion engagée sur Belfort, un récit éloquent dans sa simplicité, et qui mériterait d'être gravé dans la mémoire de tous les Français.

Deux jours plus tard (26 février), M. Thiers signait les préliminaires de paix. La France perdait l'Alsace moins Belfort et une partie de la Lorraine (arrondissements de Metz, Thionville, Sarreguemines, Château-Salins, Sarrebourg, Schirmeck et Saales) ; elle devait payer à l'Empire d'Allemagne cinq milliards, dont un en 1871, et les autres dans un délai de trois ans. A partir de la ratification des préliminaires par l'Assemblée nationale devaient commencer l'évacuation du territoire français par les armées allemandes, le rapatriement des prisonniers français et l'ouverture, à Bruxelles, de négociations en vue de la conclusion du traité de paix définitif. Jusqu'à la signature de ce traité, l'armée française resterait sur la rive gauche de la Loire, et

Paris ne pourrait avoir que 40.000 hommes de garnison au maximum.

Le 28 février, M. Thiers était de retour à Bordeaux. L'Assemblée nationale à laquelle il soumit les préliminaires de paix, en vota, le 1er mars, la ratification sans tenir compte des protestations de MM. Bamberger, Keller et Georges, députés de la Moselle, du Haut-Rhin et des Vosges, et prononça la déchéance de Napoléon III et de sa dynastie ; les 28 députés des départements cédés à l'Allemagne quittèrent l'Assemblée. Le même jour, un détachement de l'armée allemande s'avançait dans Paris jusqu'à la place de la Concorde ; le 2, un certain nombre d'officiers et de soldats visitèrent le Louvre ; 50.000 hommes environ pénétrèrent dans le quartier des Champs-Elysées. Le 3 au matin, il n'y avait plus un soldat allemand à Paris.

Un certain nombre de points des préliminaires restaient à préciser. Une commission internationale fut convoquée dans ce but à Bruxelles. La France y était représentée par M. de Goulard, le baron Baude, M. de Clercq et le général Doutrelaine, l'Allemagne par le comte d'Arnim, le baron de Balan et les ministres de Bavière, de Bade et de Würtemberg.

Une autre commission ayant aussi Bruxelles pour siège, et composée de membres militaires français et allemands, fut spécialement chargée d'exécuter le tracé de la nouvelle frontière ; ses travaux, qui devaient être communiqués à la commission des plénipotentiaires, étaient dirigés, du côté français par le général Doutrelaine, du côté des Allemands par le général von Strantz. Elle eut à examiner d'abord le tracé de la frontière à hauteur de Belfort dont les préliminaires de paix avaient stipulé la rétrocession à la France avec un rayon indéterminé.

Les commissaires allemands se montraient disposés à n'accorder autour de la place qu'une zone étroite qui, en cas de guerre, la laisserait sans défense efficace dès le début des hostilités. Leur attention fut appelée par M. Gustave Renault, ancien ingénieur des ponts et chaussées à Belfort, dont M. Keller avait obtenu l'adjonction à la commission, sur ce fait géographique que la ligne de partage des eaux du Rhône et du Rhin est, en même temps, celle de la démarcation des langues française et allemande. La frontière naturelle formée par cette ligne de faîte étant distante de Belfort de 16 à 17 kilomètres, constituait une solution de la question conforme à l'intérêt de la France, et à laquelle se rallièrent les commissaires allemands sous la réserve que le seuil du canal ferait partie du territoire allemand, et que l'Allemagne recevrait, en échange du territoire concédé autour de Belfort au-delà du rayon de cinq kilomètres proposé en premier lieu, un certain nombre de communes de la Lorraine.

Pour remplir la première condition, le tracé de la frontière franco-allemande devait suivre la ligne de partage des eaux et des langues depuis le ballon d'Alsace jusqu'à la frontière suisse vers Réchésy, si ce n'est aux abords du point de rencontre du canal du Rhône au Rhin et du chemin de fer de Belfort à Mulhouse, où il s'en détacherait pour dessiner vers l'ouest une courbe dont l'autre extrémité viendrait rejoindre cette ligne de partage non loin de Chavannes-les-Grands. Quant à la question d'échange, elle fut résolue par les plénipotentiaires de la commission internationale dans le sens où elle l'avait été par les commissaires militaires.

Cependant, le roi et M. de Bismarck étaient pressés de conclure la paix. De son côté, M. Thiers, préoccupé de l'état de Paris où les insurgés de la Commune prolongeaient la lutte contre l'armée de Versailles, n'avait pas moins hâte d'en finir. Le 10 mai, les plénipotentiaires signèrent à Francfort-sur-le-Mein le traité de paix qui mettait fin définitivement à la guerre.

II

Le traité de Francfort reproduisait, sur les points essentiels, les dispositions préliminaires, mais en aggravant celles qui se rapportaient à l'occupation du territoire. Il fixait, d'une manière générale, les règles qui devaient présider à l'option des sujets Alsaciens-Lorrains pour la nationalité française, à la remise au gouvernement allemand des sommes diverses déposées dans les caisses publiques des départements annexés, au traitement à appliquer aux deux nations relativement à la navigation de la Moselle et des canaux communs, et aux mesures à prendre pour le remaniement des diverses juridictions religieuses. Il y était stipulé que, sur les 5 milliards de l'indemnité de guerre, trois ne seraient pas exigibles avant le 2 mars 1874; les deux premiers devaient être payés aux échéances suivantes : trente jours après le rétablissement de l'ordre dans Paris, un demi-milliard dont le versement serait immédiatement suivi de l'évacuation de la Somme, de la Seine-Inférieure et de la rive droite de l'Eure; le 31 décembre 1871, un milliard avec l'évacuation de l'Oise, de Seine-et-Oise, de Seine-et-Marne et des forts de Paris rive droite; enfin le 1er mai 1872, un quatrième demi-milliard pour la libération des départements de l'Aisne, de l'Aube, de la Côte-d'Or, de la Haute-Saône, du Jura et du Doubs. L'armée allemande continuerait à occuper les six départements de la Marne, de la Haute-Marne, des Ardennes, des Vosges, de la Meuse, de Meurthe-et-Moselle et le territoire de Belfort comme gage des trois derniers milliards restant à payer.

L'armée allemande (forte encore de 5oo.ooo hommes) devait s'abstenir de réquisitions en nature et en argent ; elle serait entretenue par le gouvernement français. Le gouvernement allemand s'engageait à faire rentrer en France les soldats français prisonniers de guerre. L'armée de Paris, après le rétablissement de l'autorité du gouvernement français, et jusqu'à l'évacuation des forts par les troupes allemandes, ne devait pas excéder 8o.ooo hommes. Jusqu'à cette évacuation, le gouvernement français ne pourrait faire aucune concentration de troupes sur la rive droite de la Loire. Enfin, au fur et à mesure que s'opérerait l'évacuation, les chefs de corps conviendraient ensemble d'une zone neutre entre les armées des deux nations.

En ce qui concernait Belfort, le traité subordonnait l'élargissement du rayon autour de la place à la ratification par l'Assemblée nationale du tracé de la frontière en Lorraine, tel qu'il résultait de la cession à l'Allemagne de quelques communes du département de la Moselle.

Une commission présidée par le général de Chabaud-Latour et composée des généraux Chareton et Fournier et du colonel Laussedat, fut aussitôt appelée à donner son avis sur cette proposition conditionnelle des Allemands. En même temps, une commission de quinze membres de l'Assemblée nationale eut mission d'examiner les conditions de la paix et la question de l'échange des territoires.

Les débats du 18 mai à l'Assemblée nationale en vue de la ratification du traité de Francfort portèrent principalement sur l'échange. M. Thiers mit en relief, avec une remarquable précision et un rare sens militaire, la valeur stratégique du camp retranché de Belfort au point de vue défensif. Le général Ducrot, tenu à moins de réserve que le président de la République, s'expliqua d'une manière catégorique sur le rôle offensif de cette place.

Finalement, le traité de Francfort fut approuvé par 433 voix contre 98. En plus des 17.940 habitants en 28 communes, correspondant au rayon primitif de 5 kilomètres autour de Belfort, la France recouvrait 60 communes comprenant 26.936 habitants ; elle cédait à l'Allemagne 12 communes lorraines avec 7.083 habitants. Enfin, les négociateurs français avaient réussi à obtenir en Lorraine la rétrocession de 5 communes, en tout 5.195 habitants. En définitive, la France perdait plus d'un million et demi d'hectares et 1.597.228 habitants.

Quarante ans après le désastreux traité de Francfort, la plaie du démembrement qu'il a consacré est toujours saignante. La France l'ayant subi comme une douloureuse nécessité imposée par la force, et les nations européennes étant constamment tenues en haleine par la crainte qu'un de ses contractants ne le déchire brusquement, il est, à lui seul, un obstacle pour ainsi dire absolu à la paix du monde.

CHAPITRE X

LA LIBÉRATION DU TERRITOIRE

I

Malgré les exigences du vainqueur, le traité de Francfort était un véritable soulagement pour la France ; quand, peu après, se dissipa le cauchemar de la Commune, quelques lueurs d'horizon percèrent enfin les épaisses ténèbres où la défaite l'avait plongée. Tout en se sentant lasse et désemparée, elle ne voulut pas désespérer.

5oo.ooo garnisaires allemand continuaient à fouler le sol national, mais déjà M. Thiers envisageait la possibilité d'en diminuer le nombre à bref délai, et de restreindre l'occupation plus promptement que ne le comportaient les clauses du traité. Confiant dans le crédit de la France, il déposait, le 6 juin 1871, sur le bureau de l'Assemblée nationale, un projet de loi à l'effet d'autoriser le gouvernement à contracter, par voie de souscription, un emprunt de deux milliards cinq cents millions en rente cinq pour cent, et deux cent vingt-cinq millions en plus pour faire face aux frais de cette opération. « Je savais — a-t-il écrit — que la France était en état de supporter le surcroît de charges que lui imposaient la guerre et la défaite, et, avant de demander pour elle un crédit de cinq milliards, j'avais étudié et reconnu solides les bases sur lesquelles pourrait s'établir l'équilibre de ses recettes et de ses dépenses ».

Le 20 juin, l'Assemblée nationale vota, à l'unanimité, le projet de loi; le 27 s'ouvrait la souscription; à la fin de la journée, Paris avait souscrit plus de deux milliards cinq cents millions. En ajoutant à cette somme un milliard deux cent cinquante millions souscrits par la province, et un milliard cent trente-quatre millions souscrits à l'étranger, on arrivait à la somme totale de quatre milliards huit cent quatre-vingt-dix-sept millions, c'est-à-dire à plus de deux fois et demie celle qui avait été demandée. Le premier payement de cinq cent millions à faire aux Prussiens ayant eu lieu le 15 juillet, les troupes allemandes évacuèrent, le 22, les départements de la Somme, de la Seine-Inférieure et de l'Eure.

A la fin de septembre, les Allemands avaient reçu quinze cents millions. Suivant les clauses du traité de Francfort, l'occupation étrangère se trouvait réduite à douze départements. Six d'entre eux, l'Aisne, l'Aube, la Côte-d'Or, la Haute-Saône, le Doubs et le Jura, devaient être évacués le 1er mai 1872, après le paiement du quatrième demi-millard ; les six autres, les Ardennes, la Marne, la Haute-Marne, la Meurthe-et-Moselle, les Vosges et le territoire de Belfort resteraient entre les mains des Allemands jusqu'à l'acquittement intégral de l'indemnité.

Grâce aux efforts de M. Thiers, secondé par M. Pouyer-Quertier, ministre des finances, la promesse de payer en huit termes, de janvier au 1er mai 1872 le quatrième demi-milliard, suffit pour déterminer l'évacuation, à partir de la fin d'octobre 1871, des départements qui ne devaient être libérés que le 1er mai 1872. Dès lors, M. Thiers se préoccupait du payement anticipé des trois derniers milliards, en substituant, conformément aux dispositions formulées dans les préliminaires de paix, à la garantie territoriale consistant dans l'occupation partielle du territoire, une garantie financière. En mai 1872, le président de la République faisait savoir au comte d'Arnim, ambassadeur d'Allemagne à Paris, que le gouvernement français était prêt à contracter un emprunt de trois milliards dont le montant serait versé entre les mains du gouvernement prussien à des époques aussi rapprochées que possible.

Le projet de convention, soumis dans ce but au comte d'Arnim, donna lieu à des négociations qui subirent de sérieux retards du côté des Allemands à la suite des objections soulevées par le parti de la guerre, ayant le maréchal de Moltke à sa tête, et qui déclarait dangereux de laisser la France devancer l'heure de l'évacuation définitive. L'attitude de ce parti fit craindre, un instant, au gouvernement français que les Allemands ne reviennent sur la rétrocession de Belfort ou qu'ils ne se montrent disposés à rendre la place le plus tard possible. La discussion de la loi militaire, en se prolongeant à l'Assemblée nationale, ne contribua pas peu à augmenter l'agitation. Les susceptibilités prussiennes ne commencèrent à se calmer qu'après l'adoption du service militaire de cinq ans.

Diverses propositions de convention avaient été échangées avant qu'on pût s'entendre sur le projet du 29 juin, par lequel le gouvernement français s'engageait à payer un demi-milliard à la suite de la ratification de cet acte, un demi-milliard au 1er février 1873, un demi-milliard le 1er mars 1874 et le dernier milliard le 1er mars 1875. La France pouvait, cependant, devancer les trois derniers payements par des versements partiels. De leur côté, les Allemands s'engageaient à faire évacuer la Marne et la Haute-Marne quinze jours après le paiement d'un demi-milliard ; la Meuse, la Meurthe et le territoire de Belfort quinze jours après le paiement du troisième milliard. Enfin, après le payement de deux milliards, la France se réservait de fournir, pour le troisième milliard, des garanties financières, qui seraient substituées aux garanties territoriales, si l'Allemagne les agréait. L'emprunt, par souscription, de trois milliards cinq cents millions que nécessitaient ces arrangements fut autorisé le 15 juillet par l'Assemblée nationale. Le 28, quand on eut centralisé tous les renseignements télégraphiques, on apprit que l'univers financier avait offert quarante-quatre milliards, soit près de treize fois la somme demandée par la France! Dès ce moment, le gouvernement était en mesure de payer immédiatement le premier demi-milliard et de faire évacuer la Marne et la Haute-Marne, et M. Thiers entrevoyait la possibilité d'obtenir la libération complète du territoire pour 1873.

En février 1873, M. Thiers annonçait au vicomte de Gontaut-Biron, ambassadeur de France à Berlin, que le payement du quatrième milliard serait complété dans les premiers jours de mai, et qu'il pourrait solder en juin le cinquième milliard. Pour s'acquitter de ce dernier, il proposa au gouvernement prussien quatre versements égaux du 1ᵉʳ juin au 1ᵉʳ septembre; en même temps, il lui demanda l'évacuation, le 1ᵉʳ juillet, des départements des Ardennes, des Vosges, de la Meuse, de la Meurthe-et-Moselle et du territoire de Belfort. Il résultait de cette combinaison que le territoire serait évacué deux mois avant le payement intégral de l'indemnité; l'empereur déclara qu'il ne l'accepterait que si on lui laissait un gage entre les mains. Ce gage, c'était Belfort!

M. Thiers jugea prudent de se soumettre à ces nouvelles conditions présentées comme à prendre ou à laisser, mais ne se tint pas pour battu. Une combinaison financière lui permettait de s'acquitter définitivement le 1ᵉʳ août : il ne tarda pas à la proposer à M. de Bismarck. Sur ces entrefaites, le chancelier fit savoir à M. de Gontaut-Biron que le gouvernement prussien était disposé à remplacer Belfort par Verdun ou Toul, comme gage d'entier payement. L'offre fut agréée.

Quelques jours plus tard, M. de Bismarck aurait voulu que le gouvernement français renonçât à la substitution ; M. Thiers resta inébranlable sur ce point. En vain, au moment de signer la convention, le chancelier tenta de reprendre la concession qu'il avait faite : M. de Gontaut-Biron maintint avec fermeté la résolution prise à Paris. Le 15 mars 1873, la convention était enfin signée ; dès lors on pouvait prévoir le terme de l'odieuse occupation étrangère ; Belfort allait rentrer définitivement dans le patrimoine de la France. Le lendemain, l'Assemblée nationale, d'accord avec le sentiment public, déclarait que M. Thiers avait bien mérité de la patrie.

Une clause de la convention prolongeait l'occupation de Verdun avec un rayon de trois kilomètres autour de la place jusqu'au mois de septembre 1873 ; jusque-là, les Allemands auraient le droit d'user de la route de Metz à Verdun comme route militaire, et de tenir occupées les deux villes de Conflans et d'Etain pour le service d'étapes ; en outre, le territoire de Belfort et les départements des Ardennes, des Vosges, de Meurthe-et-Moselle et de la Meuse étaient déclarés neutres jusqu'à la même époque après leur évacuation par les troupes allemandes.

Le 25 avril, le drapeau de la France flottait à Belfort, et, le 20 septembre, le dernier soldat allemand quittait le territoire français.

On a calculé que le chiffre total de l'indemnité payée à l'Allemagne jusqu'au 5 septembre 1875 est de 5 milliards 567 millions 67.000 francs. Sur cette somme, 512 millions 294.000 francs ont été versés en numéraire. En résumé, les frais de la guerre (y compris ceux qu'a occasionnés la lutte contre la Commune) ont dépassé 10 milliards !

Si énorme que soit ce sacrifice, qu'est-il en comparaison des vies humaines qu'il a coûtées à la France !

Les pertes totales de l'armée française en 1870-71 se sont élevées à 138.871 hommes tués, ou disparus, ou morts de blessures et de maladies. Le nombre des blessés a été de 137.626 ; on a compté 328,000 malades. De leur côté, les Allemands accusent 22.772 tués, 11.516 hommes morts de leurs blessures, 13.301 morts de maladie (en tout 46.589 décès) et 127.867 blessés.

La disproportion des chiffres afférents aux deux armées est douloureusement impressionnante. Les historiens sont d'accord pour l'attribuer, d'une manière générale, à la supériorité de l'organisation de l'armée allemande et, en particulier, à la sévère observation des règles de la discipline, à l'ordre et à la prévoyance qui caractérisaient les prescriptions relatives aux marches et aux cantonnements, à un emploi judicieux des moyens de vivre sur le pays, aux dispositions prises pour assurer la liberté des communications et la sécurité des transports, à l'application rigoureuse des principes d'hygiène, enfin au fonctionnement régulier du service médical.

FIN

TABLE DES MATIÈRES

Pages

PRÉFACE.
- I. L'ARMÉE DE METZ. 1
- II. L'ARMÉE DE CHALONS. 45
- III. LES ARMÉES DE LA LOIRE. 77
- IV. L'ARMÉE DU NORD. 95
- V. L'ARMÉE DE L'EST. 112
- VI. LE SIÈGE DE PARIS. 132
- VII. LES PLACES FORTES 159
- VIII. LES CAUSES DE LA DÉFAITE. 179
- IX. LE TRAITÉ DE FRANCFORT. 194
- X. LA LIBÉRATION DU TERRITOIRE. . . . 209

TOURS

IMPRIMERIE E. ARRAULT ET Cie

3038

www.ingramcontent.com/pod-product-compliance
Lightning Source LLC
Chambersburg PA
CBHW060126170426
43198CB00010B/1058